1. Auflage
Autorin: Kirsten Gahlen
Sprachliches Lektorat: Elisa Kieselmann, www.corlingua.de
Bildrechte und Lizenzen: Siehe jeweilige Quellenangabe

POSITRAIN® - Positive Business Training
by KIRSTEN GAHLEN - Positive Personalentwicklung
Mainburger Str. 40a, 85356 Freising
https://www.kirstengahlen.de
info@kirstengahlen.de

Happiness, Top Performance, Resilienz

POSITIVE PSYCHOLOGIE

für die Personalentwicklung

Motivationskrisen meistern & Fachkräftemangel trotzen
in Zeiten der Digitalisierung

TRAINERIN KIRSTEN GAHLEN

KIRSTEN GAHLEN
Positive Personalentwicklung

Genderhinweis

Aus Gründen der besseren Lesbarkeit wird auf eine geschlechtsneutrale Differenzierung verzichtet. Entsprechende Begriffe gelten im Sinne der Gleichbehandlung grundsätzlich für alle Geschlechter. Die verkürzte Sprachform beinhaltet keine Wertung.

Über die Autorin

Eine tiefgreifende Lebenserfahrung sorgte dafür, dass ich mein gesellschaftliches Durchschnitts-Mindset von Grund auf transformieren sollte. Wochenlang igelte ich mich zu Hause ein, las Unmengen an Büchern zu Psychologie, Spiritualität und Persönlichkeitsentwicklung, entdeckte die Macht der Meditation und ging tief in mich, um herauszufinden, was ich in meinem Leben eigentlich machen will. (Ich bin bis heute fasziniert davon, dass wir wirklich jede Antwort in uns selbst finden können, wenn wir nur intensiv nach ihr suchen.) Wie im Inneren so im Äußeren blieb nach und nach in meinem Leben kein Stein auf dem anderen. Ich verschenkte und verkaufte fast meinen gesamten Besitz, stellte meinen Lebensstil komplett um, kündigte meinen Job und zog von Berlin Richtung Berge. Durch diese vielen Veränderungen zog ich neue ähnlich gesinnte Menschen in mein Leben, die ich heute zu den besten Freunden zähle, die ich jemals hatte. Während die Menschen früher auf der Straße an mir vorbeiliefen, habe ich heute das Gefühl, auf meiner Stirn steht: Bitte quatsch mich an! Was mich zugegebenermaßen natürlich freut. Das soll keine Geschichte über mich werden, sondern verdeutlichen, dass unsere Gedanken unsere Realität formen und dass jeder von uns sein Glück selbst in der Hand hat. Auch wenn wir nicht alles im Außen kontrollieren können, entscheiden wir selbst, wie wir darauf reagieren. Und den wissenschaftlichen Beweis hierzu fand ich in der Positiven Psychologie, die ich nun seit Jahren intensiv studiere und lebe. Auf ihr basiert auch der Erfolg meiner Arbeit.

Als Trainerin, Coach und Hochschuldozentin lebe ich meine Berufung, andere Menschen zum Umdenken zu inspirieren und Denkblockaden zu lösen, sodass sie mit ihrem positiven Mindset ungeahnte Potenziale entfalten können. Als Betriebswirtin lege ich dabei meinen Fokus auf die

Personalentwicklung. Hier kenne ich mich aus und fühle mich wohl. Als Anerkennung meiner Arbeit habe ich dieses Jahr die Auszeichnung „Von Kunden empfohlen" verliehen bekommen.

Unter dem neuen Oberbegriff *Positive Personalentwicklung* habe ich das Konzept *Positive Training* entwickelt und als Kompetenzmodell für zukunftsfähige Personalentwicklung unter der Marke POSITRAIN® bekannt gemacht. So verhelfe ich Unternehmen durch glückliche, leistungsstarke und resiliente Mitarbeiter, auch zukünftig wettbewerbsfähig zu bleiben. In diesem Sinne wünsche ich dir viele Erkenntnisse beim Lesen und viel Erfolg in der Umsetzung!

Deine Kirsten

P.S.: Egal ob du Führungskraft, Personaler, Trainer oder Coach, selbständig oder angestellt bist: Ich sehe uns beide als Kollegen auf Augenhöhe. Schließlich haben wir beide das gleiche Ziel, Menschen weiterzuentwickeln. Wie es unter Trainern üblich ist, werde ich deshalb auch dich in diesem Buch duzen.

Kundenmeinungen der letzten 12 Monate
VON KUNDEN EMPFOHLEN 2020
Proven Expert

POSITRAIN®
Positive Business Training

Bevor es losgeht: Wie geht's dir?

Denke über die vergangenen Wochen nach: Welches Gesicht kommt deinem *durchschnittlichen* Gefühl am nächsten?

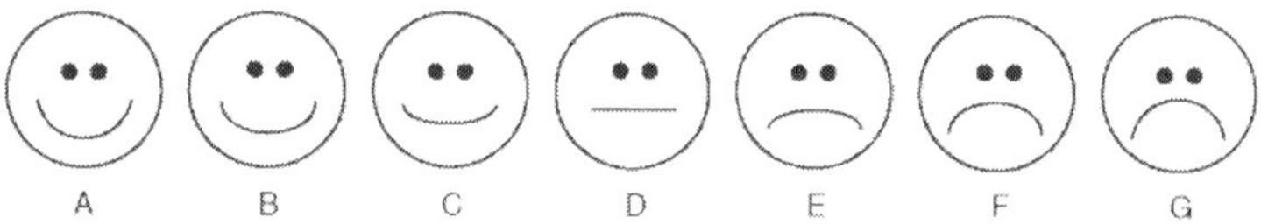

Abbildung 1: Happiness-Skala[1]

Workshop-Material Download

Geschenke! So sollte jedes Buch beginnen, oder?
In diesem Buch findest du einige Tests und Übungen, die du allein und auch mit deinem Team durchführen kannst. Damit das erfolgreich wird, habe ich dir ein Workshop-Manual zusammengestellt, das du kostenlos downloaden kannst (scanne dafür den QR-Code mit deinem Smartphone oder gib den untenstehenden Link ein). Dazu hast du natürlich auch später im Laufe des Buches noch die Gelegenheit.

Kostet nix, bringt viel! Das Workshop-Manual mit Kurzworkshops, Übungen, Tests und Kopiervorlagen. Für deinen erfolgreichen Workshop!
LINK: https://positivetraining.subscribemenow.com

Inhalt

1 Einführung

Weißt du, warum manche Teams erfolgreicher sind als andere? Warum manche Unternehmen an einer Krise zerbrechen und andere gestärkt aus ihr herausgehen?

Solange alles einigermaßen funktioniert, machen sich die wenigsten Menschen Gedanken über eine Veränderung. Es läuft ja alles rund, wir haben keine Zeit für Veränderungen, und außerdem machen es doch alle so. In welche Richtung sollten wir uns überhaupt entwickeln? Auf welchen Trend-Zug lohnt es sich aufzuspringen? Und woher wüssten wir, ob das Ganze überhaupt etwas bringt? Also dümpeln wir weiter vor uns hin, glauben, das Leben sei nun mal so, wie es ist: Mal verlieren wir, mal gewinnen die anderen – oder wie war das?

Und dann stehen wir plötzlich inmitten einer riesengroßen Krise. Schöne Scheiße! Es hagelt Krankmeldungen, ein großer Auftrag platzt und Kunden brechen weg, unser Job steht auf der Kippe, wir wissen nicht, wo uns der Kopf steht, und schleppen uns mit unseren Zukunfts- und Existenzängsten jeden Tag erneut zur Arbeit. HALT, STOPP! Also dafür können wir nun wirklich nichts!

Ach, können wir nicht?

Natürlich nicht. Schließlich haben wir die Krise nicht herbeigeführt und haben somit keine Kontrolle über sie. Es ist die Regierung! Genau! Die muss endlich handeln. Und die anderen Länder, die müssten nachziehen! Die Geschäftsführung sollte endlich eingreifen! Und meine Kollegen, natürlich. Das sind die schlimmsten! Die denken höchstens von der Tapete bis zur Wand und ziehen mich total runter. So wird das doch sowieso nichts! Solange mein Chef nicht erkennt, wie schlecht es bei uns läuft, und etwas unternimmt, mache ich mich für den Laden auch nicht kaputt.

Ach, machst du nicht?

Weise und spirituelle Lehrer wissen, dass wir mit unseren Gedanken unsere Realität formen (Ja nee, is' klar!). Wir können zwar nicht kontrollieren, was in der Außenwelt geschieht, wir können und müssen jedoch unsere Reaktionen darauf kontrollieren. Die Wissenschaft der Positiven Psychologie belegt, dass wir tatsächlich unseres Glückes Schmied sind! Mit ihr haben wir nun endlich einen zuverlässigen Beleg und genaues Wissen darüber, wie wir glücklich und erfolgreich werden. Fantastisch!

Dazu müssen wir uns aus unserer passiven Opferrolle befreien und selbstwirksam unser Leben in die Hand nehmen. Ja, auch du! Nur wenn wir selbstbestimmt leben, können wir wahrlich glücklich sein und unser volles Potenzial entfalten. Das soll nicht keck klingen, als ob ich die Weisheit mit Löffeln gegessen habe. Es ist auch keine Floskel. Ich habe es selbst durchlebt (die harte Schule!) und weiß, wovon ich spreche. Für Unternehmen und die Personalentwicklung heißt das, dass sie Mitarbeiter zu selbstwirksamen Menschen entwickeln müssen, die sowohl kompetent als auch glücklich sind. Nur so handeln sie proaktiv und selbstverantwortlich und führen ihr Unternehmen auch zukünftig zu maximalem Erfolg – trotz Krisen. **Kompetenz, Happiness und Resilienz: Das sind die Skills von morgen!**

***

2 Ziel des Buches

Meine Vision ist es, dass alle Unternehmen von der Macht der Positiven Psychologie in der Personalentwicklung überzeugt sind und dies als Unternehmenskultur leben. Wenn alle Mitarbeiter aller Unternehmen ihr volles Potenzial ausleben können, wird dies unsere Wirtschaftsleistung deutlich stärken und den Wohlstand der gesamten Bevölkerung erhöhen. Zudem würden auch etliche Krankheiten und Probleme ausgelöscht, die häufig psychischer Natur sind.

Diese Heldentat kann ich nicht allein schaffen. Deshalb hole ich mir die Personen mit ins Boot, die den größten Einfluss auf Mitarbeiter haben: Personaler, Führungskräfte und Trainer wie dich. Mit diesem Buch gebe ich dir, kompaktes erstes Wissen und Werkzeug an die Hand, um dein Team zu glücklichen, proaktiven Mitarbeitern zu entwickeln und es ihnen zu ermöglichen, ihr volles Potenzial zu entfalten. Für Unternehmen bedeutet das in der Konsequenz eine niedrigere Krankheitsrate, weniger Fluktuation, bessere Performance und die Sicherung ihrer zukünftigen Wettbewerbsfähigkeit.

Die Verwandlung deines Teams beginnt zunächst in deinem eigenen Kopf. Deshalb empfehle ich dir, die Übungen zuerst selbst durchzuführen. Das soll dich inspirieren – auch über die Methoden dieses Buches hinaus –, den Schlüssel zur Top Performance in deinem Leben zu nutzen. Dabei ist mir wichtig: Alles kann, nichts muss! Es ist nicht der Anspruch, dass du jeden einzelnen Tipp hilfreich findest und alle Methoden umsetzt. Jeder Leser hat einen anderen Hintergrund, einen anderen Job und andere Möglichkeiten. Nimm dir raus, was zu dir passt!

Die beschriebenen Methoden kannst du ohne Umwege in deinen Joballtag einbauen und sicher sein, dass sie umfangreich getestet wurden. Die Belege dafür folgen jeweils als wissenschaftliche Quellenverweise (hochgestellte Zahlen). So hast du die Möglichkeit, dich bei Interesse mit den Originalstudien zu befassen. Ansonsten darfst du sie gerne ignorieren. Für meine Kollegen aus der Positiven Psychologie sind diese Quellenverweise allerdings ein wichtiges Qualitätskriterium. Und da ich in diesem Buch einen sportlichen Spagat zwischen Wissenschaft und Praxis mache, gehören sie schlichtweg dazu.

Um dein Team mit ins Boot zu holen, helfen dir die Workshop-Beschreibungen und Methoden in meinem Workshop-Manual, spezielle Kurzworkshops zu realisieren. Sie sind ein Beispiel dafür, wie Personalentwicklung effektiv und nachhaltig gestaltet werden kann und wie Unternehmen für die Zukunft gewappnet werden können. Das Workshop-Manual erhältst du kostenlos. Melde dich dazu einfach für meinen Newsletter an (siehe S. 7) und bleibe immer auf dem neuesten Stand in Sachen zukunftsfähige Personalentwicklung. Ich wünsche dir viel Spaß und maximal positive Erfolge.

DIESES BUCH HILFT DIR, WENN:

- du endlich eine Strategie brauchst, mit der du dich und dein Team zu Höchstleistungen bringen kannst, während ihr kompetent, glücklich, gesund, krisenfest und zukunftsfähig seid.
- dich innovative Methoden und praktische Übungen hierfür interessieren, deren Effekte wissenschaftlich überprüft sind.
- du die Veränderung durch psychologische Tests messbar machen möchtest.

PLUS:

- kostenloses Begleitmaterial zum Download
- fertige Workshop-Abläufe für deine direkte Umsetzung
- Flipchart-Abbildungen zum Nachmalen für deine Workshops

***

TEIL I:

THEORETISCHE GRUNDLAGEN

3 Personalentwicklung

Obwohl dieses Buch von Personalentwicklung handelt, bedeutet es nicht automatisch, dass du Experte darin bist. Vielleicht interessiert es dich einfach nur. Damit du einen groben Überblick über den Bereich bekommst, reiße ich in diesem Kapitel die Aufgaben und die Ziele der Personalentwicklung an und stelle ihre aktuellen Herausforderungen vor.

3.1 Aufgaben, Ziele und Status quo

Was ist Personalentwicklung überhaupt? Zur Klärung möchte ich zwei ausgewählte wissenschaftliche Definitionen anführen. So definiert Becker Personalentwicklung als „alle Maßnahmen der Bildung, der Förderung und der Organisationsentwicklung, die zielgerichtet, systematisch und methodisch geplant, realisiert und evaluiert werden"2. Meier bezeichnet Personalentwicklung als „organisierter Lernprozess, der im sozialen Umfeld des Unternehmens stattfindet und von ihm ausgelöst, gestaltet und gesteuert wird"3. Das heißt: Personalentwicklung organisiert die Weiterentwicklung der Mitarbeiter und führt diese durch. *Strategische*

Personalentwicklung ist darauf ausgerichtet, dass alle Weiterbildungsmaßnahmen jene Kompetenzen vermitteln, die der Bewältigung der Aufgaben und dem Lösen von Herausforderung dienen, um langfristige Unternehmensziele zu erreichen.[4] Personalentwicklung wird also strategisch, wenn sie sich aus den strategischen Unternehmenszielen ableiten lässt. Das Ziel der strategischen Personalentwicklung ist es somit, dass die Mitarbeiter alle Voraussetzungen haben, das Unternehmen auch zukünftig voranzubringen.

In den Medien ist das Thema Weiterbildung und Personalentwicklung allgegenwärtig. Hier ein paar aktuelle Zitate:

„Arbeitsmarkt bleibt stabil: Weiterbildung wird wichtiger“[5]

„Unternehmen und Mitarbeiter zahlen mehr für Weiterbildung"[6]

„Wer sich nicht weiterbildet, verliert den Anschluss“[7]

Und auf der anderen Seite auch:

„Weiterbildung: Chancen werden kaum genutzt“[8]

„Unternehmen vernachlässigen berufliche Weiterbildung“[9]

Es scheint also so zu sein, dass die Weiterbildung der Mitarbeiter zwar als wichtig empfunden wird, niemand aber so genau weiß, wie es richtig geht. Im Jahr 2015 boten zum Beispiel 77,3 Prozent der deutschen Unternehmen betriebliche Weiterbildung an. Große Unternehmen mit mehr als 500 Mitarbeitern kamen dabei auf einen Anteil von 100 Prozent. Demnach bot *jedes* Unternehmen mit mehr als 500 Mitarbeitern Weiterbildung an.[10] Was sie dabei unter Weiterbildung verstanden, unterscheidet sich voneinander ungefähr so wie

Gelsenkirchen und Weihnachten. Manche zählten lediglich das Onboarding neuer Mitarbeiter zur Weiterbildung (immerhin, denn auch das ist nicht selbstverständlich), andere arbeiteten mit einer professionellen Weiterbildungsstrategie und eigener Inhouse-Akademie.

So oder so sind sich Experten einig, dass Weiterbildungskosten in Zukunft noch weiter steigen und noch individueller zugeschnitten werden[11][12], sodass die Statistiken in ein paar Jahren wahrscheinlich deutlich anders aussehen werden. Der Grund hierfür sind unter anderem die technologischen Trends, die es erforderlich machen, in die Weiterbildung von Mitarbeitern zu investieren, um wettbewerbsfähig zu bleiben. Das beschreibt auch schon die aktuellen Herausforderungen, denen sich wir Personalentwickler, Trainer, Führungskräfte und ganze Unternehmen ausgesetzt sehen.

3.2 Aktuelle Herausforderungen

In diesem Kapitel lege ich den Finger in die Wunde der Herausforderungen, die aktuell mit der digitalen Transformation und dem daraus resultierenden „War for Talents" einhergehen. Nachdem du dir in diesem Kapitel den aktuellen Herausforderungen bewusst wirst, zeigt dir das Buch anschließend auf, wie du endlich den verdienten Erfolg und persönliche Leichtigkeit in deinem Job erlangst.

3.2.1 Digitale Transformation

Wenn es dir wie mir geht, dann hast du das Gefühl, das Wort Digitalisierung wird aktuell als Grund für jedes Problem benutzt. Im Schreibprozess des Buches habe ich lange überlegt, dieses Kapitel einzubauen, um nicht eine von denen zu sein, die dich mit diesem Thema langweilt. Mein Drang zur Vollständigkeit hat zum Glück gesiegt, und letztendlich hat es das Wort sogar auf das Cover geschafft. Ja, so wichtig ist es! Und so schreibe ich nicht nur über Digitalisierung, sondern über die Konsequenz dieser: der digitalen Transformation. Doch zuerst definiere ich Digitalisierung, damit wir dasselbe Verständnis haben: „Wir sprechen von Digitalisierung, wenn analoge Leistungserbringung durch Leistungserbringung in einem digitalen, computerhandhabbaren Modell ganz oder teilweise ersetzt wird.“[13] Klar! Aus analog wird also papierlos.

In Abgrenzung dazu, ist die **digitale Transformation** der *grundlegende Wandel*, der durch die Digitalisierung ausgelöst wird. Also die Veränderungen in der Gesellschaft, die auf die Trends der Digitalisierung zurückzuführen sind. In dem Zuge ist auch häufig von einer VUKA-Welt die Rede. Das Akronym steht für

- Volatilität,

- Ungewissheit,

- Komplexität und

- Ambiguität.

Ah ja! Auf Deutsch bedeutet das Folgendes:
Volatilität: Eine sprunghafte und schnelle Veränderung des Marktes, die meist von neuen Technologien, neuen Regularien oder kulturellen Trends ausgeht. Es entstehen zum Beispiel immer neue Wettbewerber, neue Produkte mit kürzeren Produktlebenszyklen, die sich, wieder ausgehend von weiteren Entwicklungen, erneut verändern, und so weiter.

Ungewissheit: Da diese Trends kaum vorhersehbar sind, sorgt dies für eine Unsicherheit bei Unternehmen, Führungskräften und uns Personalentwicklern, auf welchen Zug es sich lohnt aufzuspringen, um langfristig wettbewerbsfähig zu bleiben. Durch dieses Zug-Hopping werden verschiedene Projekte und Veränderungen ständig und auf mehreren Ebenen gleichzeitig realisiert: Neu definierte Corporate Values, die umzusetzen sind; ein neues Bewerbermanagementsystem, in das sich eingefuchst werden muss; neue vegane Produkte, um der Nachfrage gerecht zu werden; und nicht zu vergessen: die Genderneutralität, die es in jeder Kommunikation umzusetzen gilt, sodass sich niemand auf den Schlips getreten fühlt. Das sind nur ein paar wenige unserer täglichen Veränderungsprozesse, die du bestimmt gut kennst.

Komplexität: Als Führungskraft ist es deshalb schwierig, den Überblick zu behalten und klare Ursache-Wirkungszusammenhänge zu erkennen. Dies ist jedoch wichtig, um eine gute strategische Entscheidung treffen zu können. Finde ich keine geeigneten Bewerber, weil wir Videobewerbungen verlangen oder weil sie sich in ihrem Gender nicht angesprochen fühlen? Kommen unsere Kunden, weil wir vegane Produkte anbieten oder weil unsere Werte zu ihnen passen? Wenn ich nicht weiß, warum etwas geschieht, weiß ich auch nicht, was ich tun kann, um erfolgreich zu sein.

Ambiguität: Durch die verschiedenen Einflussfaktoren kann die Informationslage also unterschiedlich interpretiert werden. Entsprechend ist die Gefahr von Fehlentscheidungen groß. So tendieren wir gern dazu, einfach beim Alten zu bleiben und uns nicht weiterzuentwickeln. (→ Doch was passiert den Leuten, die den Kopf in den Sand stecken, bis „dieses Internet" endlich vorbeizieht?)

Der Wandel durch die Digitalisierung bedeutet für die Personalentwicklung also nicht nur eine Veränderung von analog zu papierlos. Digitalisierung ersetzt schon heute ganze Aufgabenbereiche. Durch die Automatisierung von Routineaufgaben und künstliche Intelligenz wie Chatbots werden zum Beispiel ganze Kundencenter mit hunderten Stellen ersetzt. Auf der anderen Seite werden neue Stellen geschaffen wie im Bereich Big-Data-Analyse und Betriebliches Gesundheitsmanagement. Durch den schnellen Wandel werden Berufs- und Stellenprofile also fließend verändert und angepasst, was bei Mitarbeitern ein hohes Maß an Kreativität und Veränderungsbereitschaft voraussetzt. Aus Gründen der schlechten Planbarkeit werden zudem verstärkt spezialisierte externe Arbeitskräfte eingebunden. Experten in den eigenen Reihen auszubilden ist so schnell gar nicht realisierbar und würde sich möglicherweise gar nicht lohnen. Um strategische Unternehmensziele trotz schlechter Planbarkeit wegen dieser sprunghaften Veränderungen zu erreichen, ist Agilität in der Führung und Selbstorganisation der Mitarbeiter dringend nötig. Das bedeutet, dass sich Mitarbeiter selbstverantwortlich nach neuen Skills umsehen und sich Fertigkeiten aneignen müssen, statt sich wie bisher auf eine langfristig angelegte Weiterbildungsstrategie des Arbeitgebers zu verlassen. Es ist einfach zu unflexibel und zeitintensiv, mit neuen Ausbildungsmaßnahmen auf die Veränderungen des Marktes zu *reagieren*. Ehe alle Mitarbeiter geschult sind, ist der Trend schon wieder überholt. Was deshalb heutzutage nötig für das Überleben eines Unternehmens ist, sind Mitarbeiter, die überfachliche Soft Skills (persönliche, soziale und methodische Kompetenzen) und ein entsprechendes Mindset besitzen, um sich *proaktiv* und selbstwirksam an die schnellen Veränderungen anpassen zu können.

In solch einer selbstbestimmten Weiterbildung der Mitarbeiter dient die Führungskraft als „Enabler" (Ermöglicher) und Coach (Begleiter) und setzt auf die Selbstverantwortung sowie Selbstwirksamkeit (die Überzeugung einer Person, auch schwierige Situationen und Herausforderungen aus eigener Kraft bewältigen zu können)[14] seiner Mitarbeiter. Während fachliche Routinearbeit im Rahmen der digitalen Transformation also tendenziell automatisiert wird, richtet sich zukunftsorientierte Personalentwicklung neben Soft Skills auf die Pflege eines positiven Mindsets aus. Nur so ist es möglich, offen für Veränderung und kreativ in der Lösungsfindung zu sein, proaktiv zu handeln und sich schnell von Rückschlägen zu erholen. Spätestens jetzt ist klar, weshalb Personalentwicklung, wie sie noch vor zehn Jahren betrieben wurde, heute nicht mehr wettbewerbsfähig ist. Für die Personalentwicklung bedeutet dies eine tiefgreifende Transformation, die schon längst überfällig ist.

POSITIVE POINT:
Es braucht Mitarbeiter, die überfachliche Soft Skills und ein positives Mindset besitzen, um sich selbstwirksam an die schnellen Veränderungen anpassen zu können. Proaktiv statt reaktiv!

3.2.2 War for Talents

Wie erwähnt war der Wettbewerb zwischen Unternehmen noch nie so hoch und die Konkurrenz um qualifizierte Bewerber derart groß. Die Zeiten, in denen Bewerber Schlange standen, sind für die meisten Unternehmen längst vorbei. Zu groß ist die Auswahl potentieller und hervorragend bewerteter Arbeitgeber. Entsprechend haben Bewerber mehr Ansprüche an ihren potentiellen Job, als lediglich ihre Zeit gegen Geld eintauschen zu dürfen. Und hier geht es um weit mehr als um eine gute Work-Life-Balance, ein attraktives Gehalt und einen Kickertisch am Arbeitsplatz. Qualifizierte Kandidaten haben bereits vor ihrer Bewerbung im Hinterkopf, was ihnen ein Unternehmen *persönlich* an langfristigem Mehrwert bieten kann. Sie möchten sich einbringen, entfalten, Sinn erleben, wachsen und sich *persönlich* weiterentwickeln. Es geht ihnen um ihre **Employability**! Die Fähigkeit (durch persönliches Wachstum) auch in Zukunft für den Arbeitsmarkt interessant zu bleiben. So denken sie langfristig in dieser schnelllebigen Zeit, in der niemand weiß, welche Arbeitsplätze zukünftig bestehen und welche Skills in zehn oder zwanzig Jahren benötigt werden.

Unternehmen müssen deshalb umdenken. Heutzutage sind sie es nämlich, die sich bei potentiellen Mitarbeitern bewerben und sich gegen Konkurrenz-Arbeitgeber durchsetzen müssen. Nicht umgekehrt. Und damit nicht genug. Denn ein einmal überzeugter Kandidat bedeutet längst keinen langfristigen loyalen Mitarbeiter. Gute Mitarbeiter, die unglücklich sind, weil sie nicht persönlich wachsen können, lassen sich schnell abwerben. Unternehmen und Führungskräfte, die nichts dagegen tun, haben mit hoher Fluktuation zu kämpfen. Und wenn die Guten gehen, dann weißt Du selbst, wer in deinem Team noch übrigbleibt.

Im Allgemeinen gilt, dass die Kosten für die Einstellung eines neuen Mitarbeiters ungefähr so hoch sind wie eines seiner Jahresgehälter. Für eine durchschnittlich bezahlte Führungskraft sind das rund 75.000 Euro. 75.000 Euro für Recruiting, Einarbeitung, vorerst reduzierte Produktivität und fehlendes Engagement wegen innerer Kündigung, die schon Monate bis Jahre vor dem tatsächlichen Verlassen des Unternehmens beginnt. Da lohnt es sich, darüber nachzudenken, in das Wohl der Mitarbeiter zu investieren, wenn sich davon nur eine einzige Führungskraft von der Kündigung abhalten lässt. Selbst wenn wir nicht so weit gehen und gleich über Kündigung sprechen: Wie hoch ist der durchschnittliche Krankenstand in deinem Team? Dieser steigt in Deutschland nämlich seit Jahren kontinuierlich an. Lag er 2006 noch bei 11,44, stieg er 2018 bereits auf 15,49 Tage an.[15] Das sind über 4 Fehltage pro Mitarbeiter im Jahr mehr innerhalb von 12 Jahren, Tendenz steigend. Wohin soll das führen? Die meisten Fehltage fielen dabei geschlechtsübergreifend auf Erkrankungen mit Diagnosen von psychischen Störungen. Diese können in einer schnelllebigen, instabilen, unsicheren VUCA-Umwelt leicht entstehen, wenn persönliches Sinnerleben und Wachstum fehlt (es ist wirklich herrlich leicht, in der Digitalisierung den Grund für alle Probleme zu finden.) Doch der Grund unserer aktuellen Herausforderungen spielt in diesem Buch eine untergeordnete Rolle. Klar ist, dass ein hoher Krankenstand eine Belastung für das Team ist. Fehlen Mitarbeiter, müssen andere einspringen. Das bedeutet mehr Arbeit, mehr Stress, womöglich reduzierte Arbeitsqualität, und im schlimmsten Fall unzufriedene Kunden und geringerer Umsatz. Das ist nicht an den Haaren herbeigezogen, sondern Unternehmensalltag. Es macht also Sinn, neben ethischen Faktoren die wirtschaftlichen Vorteile glücklicher und gesunder Mitarbeiter zu beachten. Die Verantwortung hierfür sehe ich ganz klar bei den Unternehmen selbst. Und damit meine ich nicht die Einführung eines Betrieblichen Gesundheitsmanagements, das alle Probleme lösen soll, während das übrige Unternehmen weitermacht wie bisher, sondern das Mindset und Handeln aller Geschäftsführer, CEOs und Führungskräfte, die an der Entwicklung von Mitarbeitern beteiligt sind. Ich meine alle Personaler, die die richtigen Partner mit ins Boot holen, und alle Weiterbildner und Trainer, die sich ihrer Verantwortung für das Wohl der Mitarbeiter bewusst werden müssen: Es ist eure Verantwortung, dafür zu sorgen, dass es euren Mitarbeitern gutgeht, sie im Job persönlich wachsen können, um Sinn und Erfüllung in ihren Aufgaben zu erleben!

Die Anforderungen an die Personalentwicklung haben sich also stark verändert und werden sich weiterhin ändern. Unternehmen und Führungskräfte, die ihren Mitarbeitern persönliches Wachstum bieten, sodass sie Sinn und Erfüllung im Job erleben, sind seltene und außerordentlich attraktive Arbeitgeber, die von einem möglichen Fachkräftemangel kaum betroffen sein werden.

POSITIVE POINT:
Unternehmen, die das persönliche Wachstum ihrer Mitarbeiter

fördern, damit diese ihren Job als sinnstiftend empfinden und dieser ihnen Erfüllung bringt, sind seltene und außerordentlich attraktive Arbeitgeber.

Nun genug von den Herausforderungen, die uns täglich begleiten. Du kennst sie nur zu gut und sollst nicht der Nächste sein, der sich wegen Depressionen krankschreiben lässt. Du und ich, wir haben schließlich erkannt, dass die Digitalisierung auch eine große Chance ist. Die Chance, sich von anderen Unternehmen, von anderen Führungskräften abzugrenzen, die besten Mitarbeiter der Welt anzuziehen und zukünftig nicht nur wettbewerbsfähig zu bleiben, sondern weit über Unternehmensziele hinauszuschießen. Wie das geht, ist Gegenstand dieses Buches. Und ab sofort geht es nur noch um die Lösung dieser Herausforderungen und wie du sie ganz konkret in deinem Team angehen kannst. Also, Attacke!

***

4 Positive Personalentwicklung

Aus dem letzten Kapitel weißt du, dass Unternehmen, die auch in Zukunft wettbewerbsfähig sein wollen, Mitarbeiter brauchen, die über überfachliche Soft Skills und ein positives Mindset verfügen. Sie müssen Sinn und Erfüllung im Job erleben und sich selbstwirksam und schnell an Veränderungen anpassen können. Solche Mitarbeiter zu entwickeln, ist die Aufgabe eines Konzepts, das ich *Positive Personalentwicklung* nenne.

4.1 Was bedeutet „positiv"?

Personalentwicklungsmaßnahmen haben sich bisher ausschließlich auf den Aufbau von Fachwissen und Soft Skills konzentriert. Bisher war das sicher auch ausreichend. Mit den Herausforderungen der Digitalisierung haben sich die Anforderungen an die Personalentwicklung aber verändert. Was neben der Kompetenzvermittlung in der Personalentwicklung fehlt, ist der Aufbau eines Mindsets, das es ermöglicht, Sinn und Erfüllung im Job zu finden und sich selbstwirksam und schnell an Veränderungen anzupassen. Genau das ist das Ziel der positiven Personalentwicklung.

Was meine ich mit „positiv"? Lass uns zunächst schauen, was „positive Entwicklung" bedeutet: Eine Entwicklung ist grundsätzlich immer dann positiv, wenn eine gemessene Zahl oder ein Kennwort zu einem späteren Zeitpunkt höher ist als zu einem früheren Zeitpunkt. Ist es beispielsweise Samstag wärmer als am vorangegangenen Montag, so hat sich die Temperatur positiv entwickelt. Oder nehmen wir als weiteres Beispiel die Mitarbeiterzufriedenheit eines Unternehmens: Liegen die Werte der Mitarbeiterzufriedenheit in 2020 bei 93 Prozent und lagen sie in 2010 bei nur 86 Prozent, so ist die Entwicklung positiv. So weit, so gut.

Jetzt darfst du die Beispiele auch direkt wieder vergessen, denn mit *Positiver Personalentwicklung* meine ich in diesem Fall etwas anderes. Der Begriff kommt nämlich daher, dass die *Positive Personalentwicklung* auf Erkenntnissen der Positiven Psychologie basiert – der Wissenschaft des Lebensglücks oder auch „Glücksforschung" genannt. Ja, die gibt es wirklich! Sie ist ein Teilbereich der Psychologie und grenzt sich von der klassischen bzw. klinischen Psychologie ab. Der Ausdruck „positiv" in beiden Begriffen bedeutet so viel wie „das Vorhandene" oder „das, was da ist". Es soll also nicht als Gegenteil von „negativ" verstanden werden, so als gäbe es auch eine „negative" Psychologie oder eine „negative" Personalentwicklung. Der Unterschied liegt allein in ihrem Fokus. Die klassische bzw. klinische Psychologie fokussiert überwiegend das, was Menschen psychologisch „fehlt"[16], um es zu heilen. Übertragen auf die Personalentwicklung bedeutet das entsprechend: Was fehlt einem Mitarbeiter, das ihm zu seinem Job befähigt? Das ist das Ziel bisheriger Personalentwicklungsmaßnahmen. Die *Positive Personalentwicklung* beinhaltet hingegen alle Maßnahmen, die das Positive (im Sinne von „das Vorhandene") sowohl in

Methoden und Inhalt als auch bei Mitarbeitern selbst fokussieren. Zusätzlich zur reinen Kompetenzvermittlung fokussiert sie also ein Mindset, das es ermöglicht, Sinn und Erfüllung im Job zu finden und sich selbstwirksam und schnell an Veränderungen anzupassen. Um dies zu erreichen, bedient sie sich den Erkenntnissen der Positiven Psychologie.

Die *Positiven Personalentwicklung* steht als Schirm über allen Personalentwicklungsmaßnahmen eines Unternehmens. Sie versichert eine mitarbeiterzentrierte Personalentwicklung, die das Positive fokussiert. Alle Maßnahmen sorgen für leistungsstarke, glückliche und krisenfeste Mitarbeiter und sind durchgängig wissenschaftlich bestätigt. Nur so ist Personalentwicklung auch zukunftsfähig. Die folgende Abbildung verdeutlicht die *Positiven Personalentwicklung* noch einmal:

Abbildung 2: Modell Positive Personalentwicklung

Das *Stärkenbasierte Recruiting* ist das Instrument für die Personalauswahl. Es identifiziert das, was Kandidaten gut und gern tun, in Relation zu den Anforderungen des Arbeitgebers.[17] *Positive Leadership* ist das (Führungs-)Instrument zur Personalentwicklung durch Führungskräfte (s. Kapitel 5.2.4). Begleitet wird dies vom *Positive Coaching,* das die 1-zu-1-Gespräche für die Personalentwicklung durch die Führungskraft oder einen Coach meint.[18] Das *Positive Training* deckt jegliche Weiterbildung in Form von Seminaren, Workshops und digitalen Lerneinheiten ab. *Positive Training,* dem sich dieses Buch widmet, ist das vierte und letzte Element einer umfassenden *Positiven Personalentwicklung.*

POSITIVE POINT:
Die *Positive Personalentwicklung* bezieht sich auf die Qualität von Inhalt und Methoden aller Personalentwicklungsmaßnahmen: *Stärkenbasiertes Recruiting, Positive Leadership, Positive Coaching* sowie *Positive Training.* Sie basiert auf der Positiven Psychologie.

4.2 Positive Psychologie

Wie du bereits weißt, wird die Positive Psychologie auch Glücksforschung genannt. Damit meint sie nicht das Zufallsglück im Sinne der englischen Bedeutung von „Luck", sondern das stabile Lebensglück im Sinne von „Happiness". Sie wird auch als Wissenschaft des Aufblühens oder „Flourishing" genannt, die die optimale Entwicklung von Menschen, Gruppen und Organisationen untersucht.[19]
Mittlerweile ist die Positive Psychologie nicht nur eine Wissenschaft, sondern eine regelrechte Bewegung geworden, die hoffentlich in den kommenden Jahren noch weitere Lebensbereiche beeinflusst. Indem ich dieses Buch schreibe, trage ich meinen Teil dazu bei, das Wissen in dein Unternehmen zu bringen und in der Businesswelt zu verbreiten.

Die Positive Psychologie ist eine relativ junge Wissenschaft, die erst im Jahre 1998 von dem US-amerikanischen Psychologen Martin Seligman der University of Pennsylvania offiziell definiert wurde. In seiner Amtsantrittsrede als Präsident der American Psychological Association (dem weltweit größten Psychologenverband) forderte er eine zweite Forschungsrichtung, um die bestehende klinische Psychologie zu ergänzen. Wie bereits erwähnt, legt die klinische Psychologie ihren Schwerpunkt in Praxis und Forschung auf psychische Defizite oder Krankheiten eines Menschen, um sie zu eliminieren. Sie fragt sich, was einem Menschen fehlt und wie er geheilt werden kann. Dass das absolut wertvoll und wichtig ist, steht außer Frage. Doch durch den überwiegenden Fokus auf das Defizit wussten wir gleichzeitig bis vor einigen Jahren nicht, was das "gute Leben" eigentlich ausmacht. Hier sind ein paar Fragen, die die Positive Psychologie beantworten möchte:

Was machen glückliche Menschen anders?
Was bedeutet Glück?
Wie erschaffen wir glückliche Beziehungen?
Wie können wir zu unserer besten Version werden?
Was ist Humor?
Was motiviert uns?
Was können wir präventiv tun, um bei der nächsten Krise nicht Fall der klinischen Psychologie zu werden?

Sieh dir zum Vergleich der klassischen und Positiven Psychologie die folgende Abbildung an:

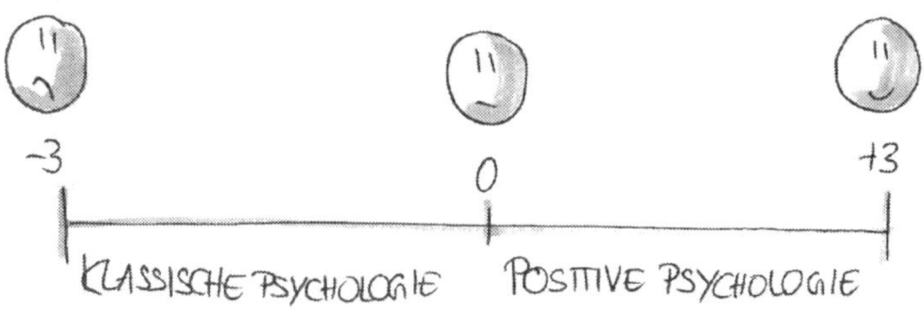

Abbildung 3: Vergleich klassische und Positive Psychologie

Ganz links auf der Skala befindet sich ein trauriger Smiley. Wie du vielleicht erkennst, steht er für einen kranken, z. B. depressiven Menschen. Psychotherapeuten nutzen die Erkenntnisse und Methoden der klinischen Psychologie, um dieser Person zu helfen. Im Optimalfall wird die Person geheilt, und sie weist kein psychisches Defizit mehr auf. Er wird also zum neutralen Smiley und repräsentiert den Durchschnitt unserer Gesellschaft.

Ist aber eine Person, die kein psychisches Defizit aufweist, auch automatisch gesund?

Lass uns schauen, was die Profis dazu sagen. Wer könnte besser wissen, was Gesundheit bedeutet, als die Experten der Weltgesundheitsorganisation? In ihrer Verfassung, die schon vor über 70 Jahren geschrieben wurde, heißt es: „Die Gesundheit ist ein Zustand des vollständigen körperlichen, geistigen und sozialen Wohlergehens und nicht nur das Fehlen von Krankheit oder Gebrechen."[20] Ich wiederhole den letzten Teil: „Gesundheit ist nicht nur das Fehlen von Krankheit oder Gebrechen." Gesundheit ist also *mehr* als nur die Abwesenheit von Krankheit! Um die eigentliche Frage zu beantworten: Nein, der neutrale Smiley in der Mitte der Skala repräsentiert anscheinend *keinen* gesunden Menschen. Wie du siehst, ist der Teil zwischen dem neutralen Smiley und dem positiven Smiley also absolut gerechtfertigt. Hier liegen wir im Forschungs- und Anwendungsbereich der Positiven Psychologie. Nun wird deutlich, warum es so wichtig ist, dass wir die Erkenntnisse der Positiven Psychologie im Leben integrieren, oder? All die Jahre hatten wir keine Ahnung davon, wie wir zuverlässig dafür sorgen können, dass wir richtig glücklich sind. Und wenn wir es schon nicht für uns persönlich wussten, wie sollte es dann eine Führungskraft oder ein ganzes Unternehmen für seine Mitarbeiter wissen?

Übertragen wir das auf die Personalentwicklung, bedeutet dies, dass wir uns seit Jahrzehnten mit Entwicklungsmaßnahmen und Weiterbildungen bewusst auf das Schließen von Kompetenzlücken konzentriert haben. Das ist wichtig, damit wir die Skills haben, unseren Job ausführen zu können. Genau das ist auch das Ziel guter bisheriger Personalentwicklung:

Mitarbeiter zu einem Job zu befähigen. Was wir damit aber tun, liegt auf der Hand: Wir ignorieren die Fähigkeit, im Job aufzublühen, motiviert und selbstverantwortlich zu handeln und so unser volles Potential zu entfalten. Fähigkeiten, die in Zeiten der Digitalisierung nötig sind, um wettbewerbsfähig zu bleiben.

Kommen wir zurück zur Positiven Psychologie. Ihr Ziel ist ein Wandel weg vom Fokus darauf, das Schlimme im Leben zu reparieren (Defizit-Orientierung), hin zum Aufbau positiver Qualitäten.[21] Also das, was sich auf der rechten Seite der Skala befindet. Mit diesem Fokus leistet sie somit auch Präventivarbeit, da gesunde Menschen (im Sinne von „positiv") Krisen und Herausforderungen besser aus eigener Kraft meistern und seltener an Burnout oder Depression erkranken. Sie rutschen durch eine Krise oder ein Ereignis zwar kurzfristig in den negativen Bereich der Skala, kommen aber aus eigener Kraft und gestärkt aus diesem wieder heraus. Sie sind also „resilienter". Erkrankte Menschen benötigen dazu Hilfe von außen. Wie bereits erwähnt, repräsentieren psychologische Krankheitsbilder den größten Teil der Krankenfehltage in deutschen Unternehmen. Mit der *Positiven Personalentwicklung* können wir diese nebenbei massiv reduzieren.

Was unterscheidet nun die Positive Psychologie von den vielen Lebensratgebern und spirituellen Lehren, die auch ein glückliches Leben versprechen? Die Antwort lautet: Wissenschaftliche Fundierung. Sämtliche Erkenntnisse und Methoden der Positiven Psychologie sind in langwierigen Studien unter höchsten wissenschaftlichen Standards untersucht und in ihrer Wirksamkeit bestätigt worden. Dabei sind sämtliche Studienergebnisse für jedermann zugänglich und nachvollziehbar, was wiederum eine gute wissenschaftliche Praxis repräsentiert.

4.3 Ziele der *Positiven Personalentwicklung*

Jetzt hast du einen groben Überblick darüber, wodurch sich die Positive Psychologie auszeichnet, und verstehst sie als Grundlage der *Positiven Personalentwicklung*. In diesem Kapitel gehe ich genauer auf ihre Ziele ein: Happiness, Top Performance und Resilienz – drei Dinge, die deine Mitarbeiter zu wahren Superhelden machen und dein Unternehmen zum Erfolg führen.

4.3.1 Happiness

Das erste Ziel der Positiven Psychologie ist Happiness. Wenn du jetzt an eine rosarote Glitzerwelt mit Einhörnern denkst, dann ist das voll okay. Doch ich meine mit Happiness in diesem Fall etwas anderes. Hinter dem Begriff Happiness verbergen sich nämlich seriöse Definitionen und Erkenntnisse. So wird dieser in der Positiven Psychologie und Forschung auch mit Wohlbefinden gleichgesetzt, und klingt damit schon gleich seriöser, stimmt`s? Dann schieße ich doch direkt die wissenschaftliche Definition hinterher: Wohlbefinden meint die „individuelle optimistische Bewertung des eigenen Lebens".[22] Individuell, da es für jeden etwas anderes bedeutet. Ein Theologe definiert Happiness wahrscheinlich anders als ein BWLer, bei dem es womöglich etwas quantitativer ausfallen würde. Deshalb existiert keine einheitliche Definition des Begriffs[23][24], und es wird häufig vom „subjektiven Wohlbefinden" gesprochen[25], was, genau wie in diesem Buch, als Synonym für Happiness genutzt wird.

Happiness ist also ein subjektiv erlebtes Empfinden, das sich von Person zu Person unterscheiden kann. Obwohl es für jeden etwas anderes bedeutet, können wir trotzdem die Einflussfaktoren auf dieses Gefühl erforschen. Schließlich ist es genau das, was die Positive Psychologie seit zwei Jahrzehnten tut. Hierbei unterscheidet sie zwischen zwei Arten von Happiness: Hedonismus und Eudämonie.[26] Wer hätte gedacht, das Glück so kompliziert ist?

Lass es mich einfacher erklären: Kennst du dieses Gefühl, unbedingt eine Tafel Schokolade verdrücken zu „müssen" (und ja, hierzu zählt auch der Becher Ben & Jerry's)? Sich ein Gläschen Wein nach einem harten Tag zu „gönnen"? Ein neues Paar Schuhe zu „brauchen", obwohl noch fünf Paar im Schrank stehen? Das sind Beispiele für hedonistisches Glück. Es sind also Glücksmomente der Befriedigung von physischen oder psychischen Gelüsten, die uns Vergnügen bereiten.[27] Dabei hält das Glücksgefühl nur kurz an, nämlich meist so lange, bis der Moment vorbei ist. Erinnere dich an deine letzte Gehaltserhöhung: Wie lange hast Du darauf hingearbeitet? Monate? Jahre? Und als du sie bekommen hast, warst du glücklich? So richtig? Wie lange hat die Euphorie angehalten? Monate? Jahre? Wohl eher Stunden, vielleicht Tage. Und dann war alles wieder wie vorher. Auch eine Gehaltserhöhung ist deshalb ein Beispiel für hedonistisches Glück. (Allerdings gilt dies nur jenseits eines Jahreseinkommens von 75.000 Dollar[28], was ca. 67.600 Euro entspricht. Wer weniger verdient, profitiert auch in eudämonischer Hinsicht von seiner Gehaltserhöhung.) So schön diese Glücksmomente auch sind, so schnell verpuffen sie auch wieder. Um ein langfristig erfülltes Leben zu führen, scheinen sie also nicht das richtige Rezept zu sein. Deshalb gibt es noch das Konzept der Eudämonie: Das Glück, Sinn und Erfüllung im Leben zu finden.[29] Sie wird als ein höherer Zustand der Glückseligkeit, des Aufblühens (hierzu mehr im nächsten Kapitel über Top Performance) verstanden, der durch persönliche Weiterentwicklung und Selbstverwirklichung erreicht wird.[30] Eudämonie erreichst du demnach, wenn du dich persönlich weiterentwickelst, nach Erfüllung im Leben strebst und Sinn in deinem Handeln findest.

Wenn Du also ein glückliches Leben haben möchtest, dann verzichte mal öfter auf einen Fernsehabend und gönne dir ein Fachbuch zur Weiterbildung. Statt von Gehaltserhöhung auf Gehaltserhöhung zu hoffen, arbeite an deiner übergeordneten Berufung, deiner Mission, die dich erfüllt. Unsere Herausforderung ist dabei, neben unserer Selbstdisziplin, meistens unser Umfeld. In unserer Gesellschaft ist ein eudämonischer Lebensstil leider eher ungewöhnlich. Wir haben gelernt, von einem Glücksmoment zum nächsten zu springen, und sobald das Glücksgefühl abflacht, wieder nach etwas Neuem zu suchen. Die Konsequenz ist ein übertriebenes Kauf- und Konsumverhalten, das hierzulande als vollkommen normal angesehen wird und ein ständiges Vergleichs- und Konkurrenzdenken etabliert hat.

Was meinst du, wie viel Prozent deiner Klamotten wirklich notwendig sind, weil du sie regelmäßig trägst? Wie viele deiner Küchengeräte stauben im Schrank ein? Frage dich am besten vor jedem Kauf: Wird dieses Teil langfristig mein Leben verbessern oder befriedige ich damit nur meinen Wunsch nach einem Glücksrausch? Ich selbst lebe übrigens recht minimalistisch. Hierzu ein kurzer Exkurs: Bei allem, was ich produziere und kaufe, denke ich immer an meine fünf Prinzipien: Notwendigkeit, (Multi-)Funktionalität, Einfachheit, Qualität und Design. Ist das, was ich kaufen möchte, wirklich notwendig, oder kann ich es mir vielleicht für den jeweiligen Zweck ausleihen, mit anderen Dingen ersetzen oder kreativ selbst herstellen? Wenn es notwendig ist, achte ich darauf, dass ich es für mehr als nur einen Zweck nutzen kann. Das ist auch der Grund, weshalb ich nur fünf verschiedene Klamottenfarben trage (nämlich Grau, Blau, Schwarz, Weiß und Beige), die untereinander und für verschiedene Anlässe kombinierbar sind. Mein Kleiderschrank, wie auch meine ganze

Wohnung, ist entsprechend klar und übersichtlich. Eine begrenzte Auswahl spart nebenbei zudem eine Menge Zeit. Ich weiß nicht, wie das bei dir ist, aber davon habe ich ohnehin sehr wenig. Bei den Dingen, die ich dann aber besitze, achte ich auf Qualität. Hochwertige Produkte sind fast immer langlebiger. Ebenso achte ich aufs Design, weil ich mich einfach gern mit schönen Dingen umgebe. Ich bin mir sicher, dass ich so gut wie nichts in meiner Wohnung finden würde, das nicht alle diese fünf Prinzipien erfüllt. Hast du ein schickes Shirt, das du aber mit nichts kombinieren kannst? Gib es in die Kleiderspende! Hast du eine total praktische Tasche, die du aber potthässlich findest? Finde eine schöne! Nervt dich die schlechte Qualität deines Smartphones? Leiste dir lieber alle zwei bis drei Jahre ein Top-Gerät statt jährlich ein billiges! Diese Prinzipien zu leben ist ein sehr befreiendes Gefühl. Dabei sind sie in allen Lebensbereichen anwendbar. Selbst im eigenen Freundeskreis. Sie helfen, echte Bereicherung von sinnlosem Überfluss zu unterscheiden und im Leben bessere Entscheidungen zu treffen. Das nur als Empfehlung nebenbei.

Es geht in unserer Gesellschaft also normalerweise um „höher, schneller, weiter". Der jährliche World Happiness Report[31], der für die Vereinten Nationen verfasst wird, zeigt: So richtig glücklich sind wir dabei nicht! Auf einer Skala von 0 bis 10 (10 = maximal glücklich) liegt Deutschland bei 6,985. Das glücklichste Land der Welt ist Finnland mit einem Happiness-Score von 7,769. Das ist bestimmt kein schlechter Wert, doch „richtig glücklich" sieht anders aus, oder? Ein Grund für den eher mittelmäßigen Happiness-Score ist unser Fokus auf kurzfristiges, hedonistisches Glück. In der Positiven Psychologie ist ein stabiles Lebensglück im Sinne der Eudämonie das Ziel. Hedonistische Glücksmomente werden dabei höchstens als i-Tüpfelchen, als „Cherry on the Cake"[32], betrachtet, die wir äußerst sparsam einsetzen sollten.

POSITIVE POINT:
Lege deinen Fokus auf langfristiges Glück und Erfüllung und verzichte überwiegend auf kurzfristige Glücksmomente. Nur so wirst du wahrlich glücklich.

Inwieweit sind wir aber „unseres Glückes Schmied"? Wie groß ist unser aktiver Einfluss auf unser Lebensglück? Dieses wird von drei grundsätzlichen Dingen bestimmt:[33]

1- einem genetisch bestimmten Sollwert

2- unseren aktuellen Lebensumständen

3- unseren täglichen Aktivitäten

Genetischer Sollwert: Es gibt einen sogenannten individuellen genetischen Sollwert. Dieser ist angeboren und gilt als stabil und immun gegenüber äußeren Einflüssen. Die tatsächliche Höhe dieses genetischen Happiness-Sollwerts ist individuell verschieden. So haben eineiige Zwillinge auch über Jahrzehnte hinweg einen sich stark ähnelnden Happiness-Sollwert, während die Ähnlichkeit bei zweieiigen Zwillingen gegen Null geht.[34] Der Happiness-Sollwert bestimmt zu 50 Prozent unser Glück.

Aktuelle Lebensumstände: Als Lebensumstände gelten die eher beständigen Faktoren in unserem Leben, wie z. B. unser Wohnverhältnis, die Region, in der wir leben, ebenso wie die Kultur, die uns umgibt. Zudem zählen unser Alter, das Geschlecht, der Beziehungsstatus (z.B. ledig, verheiratet), unser Gesundheitszustand, die persönliche Geschichte, Erfahrungen (auch Kindheitserlebnisse) sowie die Jobsicherheit und das Einkommen zu den hier gemeinten Lebensumständen. All diese Umstände zusammen sind für 10 Prozent unseres Wohlbefindens verantwortlich. Dieser Anteil ist vermutlich deshalb so niedrig, weil wir Menschen uns schnell an neue Umstände gewöhnen oder sie sich wieder verändern können. Eine schwere Krankheit beeinträchtigt unser Glück vermutlich stärker als 10 Prozent. Sind wir geheilt, kann es zeitweilig ins Gegenteil umschlagen, und der Einfluss unserer Gesundheit auf unser Lebensglück wird sich im Durchschnitt wieder bei 10 Prozent einpendeln. Ziehen wir euphorisch in eine neue Stadt, werden wir uns bald an sie gewöhnen und einen weniger großen Einfluss auf unser Lebensglück erleben.

Tägliche Aktivitäten: Mit unseren täglichen Aktivitäten sind all jene Dinge gemeint, die wir aktiv bzw. beabsichtigt tun und denken. Also nichts, das einfach so passiert, sondern all das, was einen bestimmten Grad an Aufwand benötigt. Zum Beispiel: Planen wir unseren Tag effizient oder leben wir in ihn hinein? Wie ernähren wir uns? Schauen wir Unterhaltungsfilme oder Dokumentationen, um uns zu bilden? Wie sieht unser Lebensstil aus? Wie reagieren wir auf Dinge? Was denken wir über andere? Je regelmäßiger wir eine Aktivität durchführen bzw. einen Gedanken denken, desto höher ist ihr Einfluss auf unser Lebensglück. Unsere täglichen Aktivitäten beeinflussen unser Wohlbefinden zu 40 Prozent.

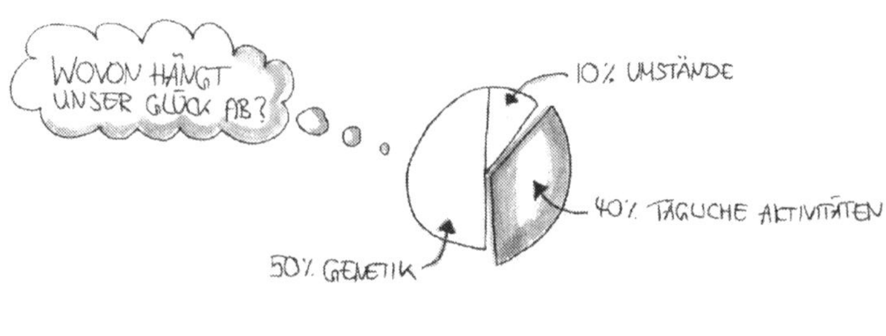

Abbildung 4: Wovon hängt unser Glück ab?[35]

Zusammengefasst sehen wir also, dass 40 Prozent unseres

persönlichen Wohlbefindens von unserem täglichen Handeln und Denken abhängt. Da wir dies aktiv beeinflussen können, haben wir es in der Hand, unser Wohlbefinden zu stärken und glücklich zu sein. Wer glücklich sein will, wird selbstbestimmt handeln und sich als Gestalter seines Lebens verstehen. Menschen, die grundsätzlich ihr Glück von der Außenwelt abhängig machen, werden deshalb niemals richtig glücklich werden. Wer glaubt, es fehle nur noch die eine Beförderung, das schnellere Auto, die netteren Kunden, das schönere Wetter, das nötige Kleingeld oder die bessere Regierung übernimmt nie die Kontrolle über das eigene Leben. Doch selbst wenn sich etwas in der Außenwelt zu unseren Gunsten verändert, trägt dies gesammelt nur zu 10 Prozent zu unserem Lebensglück bei. Das ist fast nichts! Die vorige Abbildung zeigt, dass unser Glück zu 40 Prozent von unserem täglichen Handeln bestimmt wird. Wir sind also tatsächlich „unseres Glückes Schmied". Das ist die Erkenntnis, die die Positive Psychologie für die Personalentwicklung so unglaublich wertvoll macht.

POSITIVE POINT:
Durch unser tägliches Handeln entscheiden wir selbst, wie glücklich wir sind! Zu dieser bedeutenden Erkenntnis kommt die Positive Psychologie.

4.3.2 Top Performance

Glücklich zu sein ist ein erstrebenswerter Aspekt. Mancher würde ihn auch als Sinn des Lebens bezeichnen. Du wirst mir aber Recht geben, dass ein glücklicher Mitarbeiter mit zwei linken Händen zwar für gute Stimmung sorgt, aber noch lange keine Kohle einbringt. Um Top Performance abzuliefern, müssen wir also sowohl glücklich als auch kompetent in unserem Job sein. Bevor ich auf die Jobkompetenz eingehe, schauen wir uns deshalb an, was Glück überhaupt mit uns Menschen macht, und dröseln es in seine Einzelteile auf.

Dazu beginne ich mit dem Konzept von „Flourishing“ (**flur**·uh·shuhng gesprochen). Es ist eng mit Happiness verknüpft und kann gar als Konsequenz dessen gesehen werden. **Flourishing** bedeutet so viel wie „Aufblühen” und ist in der Positiven Psychologie eines der zentralen Ziele. Ich gebe zu, "Aufblühen" ist kein wahnsinnig hipper Begriff, und die Übersetzung hilft nicht unbedingt, das Konzept inhaltlich besser zu erfassen. Deshalb wird auch im Deutschen gerne auf den englischen Begriff „Flourishing” zurückgegriffen. (Ich habe dabei schon die ulkigsten Aussprachen gehört. Deshalb unter uns: Übe vorher ;-).) In der Positiven Psychologie lässt sich vieles sehr gut mit Skalen erklären, das macht es irgendwie auch übersichtlich. In diesem Fall schauen wir uns die folgende Skala menschlichen Funktionierens an.

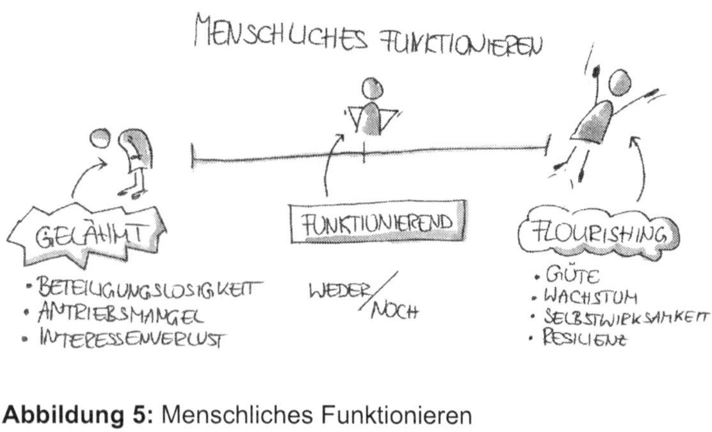

Abbildung 5: Menschliches Funktionieren

Auf der linken Seite der Skala ist ein Mensch wie gelähmt. Er zeigt Eigenschaften wie Beteiligungslosigkeit, Antriebsmangel und Interessenverlust. Dieser Mensch braucht Hilfe von außen, um wieder in die eigene Handlungsfähigkeit zu kommen. Entsprechend befinden wir uns auf der linken Seite im Arbeitsfeld der klinischen Psychologie. Ganz rechts befinden sich Menschen, die vollkommen in ihrer Kraft sind. Die Selbstverantwortung übernehmen und selbstwirksam handeln. Dies sind „optimal funktionierende" bzw. „aufblühende" Menschen. Sie zeigen Eigenschaften wie Güte, Wachstum, Selbstwirksamkeit und Resilienz.[36]

Damit zeigt das Flourishing (Aufblühen) Symptome, die komplett gegensätzlich zu denen gängiger psychischer Störungen sind. Eine wichtige Erkenntnis dabei ist, was sich genau zwischen diesen beiden Extremen befindet. Und das ist die neutrale Person. Sie ist weder gelähmt noch selbstwirksam. Sie hat weder das Interesse verloren noch ist sie außerordentlich gütig. Sie hat einen gewissen eigenen Antrieb, zum Wachstum reicht es jedoch nicht. Sie sitzt bei Krisen oder Herausforderungen zwar nicht beteiligungslos oder selbstbemitleidend in der Ecke, zeigt sich gleichzeitig aber auch nicht sehr resilient. Bezogen auf das Wohlbefinden dieser drei Personen braucht die linke Person Hilfe von außen, die mittlere wartet passiv darauf, das andere Menschen oder verändernde Umstände sie glücklich machen, und die rechte nimmt ihr Glück selbst in die Hand. Unser Ziel ist es natürlich, die rechte Person zu werden. Wie stellen wir das an? Genau das fragte sich Seligman, der zu Beginn in diesem Buch als Begründer der Positiven Psychologie vorgestellt wurde. Er fand fünf Faktoren, aus denen unser Glück besteht und die deshalb für unser Flourishing (Aufblühen) verantwortlich sind: positive Emotionen, Engagement, positive Beziehungen, Sinn und Zielerreichung.[37] Im Englischen ergibt sich aus den Anfangsbuchstaben der jeweiligen Begriffe das Akronym PERMA. Visualisiert kann das so aussehen:

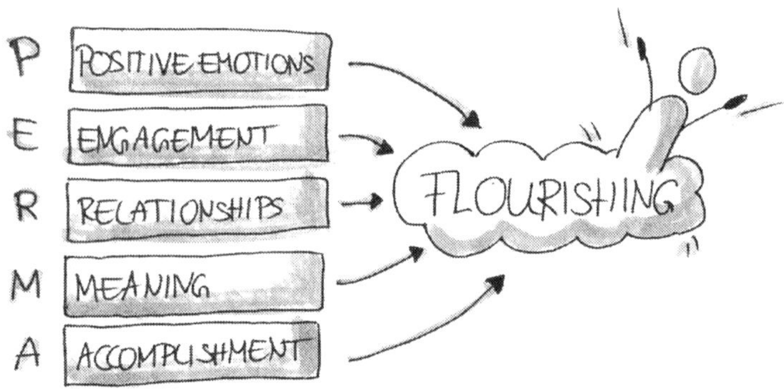

Abbildung 6: PERMA-Modell[38]

(P) Positive Emotionen (*Positive Emotions*) umfassen all jene positiven Gefühle wie Lust, Dankbarkeit, Behaglichkeit und Wärme.

(E) Engagement bedeutet, in einer Sache aufzugehen und das Gefühl der vollkommenen Absorption während einer Tätigkeit zu erleben.

(R) Beziehungen (*Relationships*) meint, gute enge Beziehungen zu anderen zu haben.

(M) Sinn (*Meaning*) bedeutet, das Gefühl zu haben, zu etwas zu gehören bzw. für etwas zu dienen, das größer ist als wir selbst.

(A) Zielerreichung (*Accomplishment*) meint, etwas erreicht zu haben oder erfolgreich zu sein.

Der Vollständigkeit halber sei hier erwähnt, dass das PERMA-Modell seit einiger Zeit um den Faktor „H" (= Health oder „V"= Vitality) erweitert wird. Dieser Faktor beinhaltet Ernährung, Bewegung und Schlaf, die ebenfalls mit Wohlbefinden in Zusammenhang stehen.[39] Ich halte die Ergänzung für absolut gerechtfertigt und wichtig. Um das Konzept dieses Buches simpel zu halten, verzichte ich dennoch bewusst auf den Exkurs zu Fitness und Ernährung und beziehe mich weiterhin auf das grundlegende PERMA-Modell.

So viel zum Grundkonstrukt von Happiness und deren Konsequenz des Aufblühens. Das Spannende an dem PERMA-Modell ist, dass unser Glück von fünf ganz konkreten Faktoren abhängt, was wiederum bedeutet, dass wir in fünf ganz konkreten Bereichen die Möglichkeit haben, uns aktiv zu verbessern. Erhöhen wir also zum Beispiel die Anzahl erlebter positiver Emotionen (wie Freude, Dankbarkeit, Staunen), erhöhen wir damit das „P“ und somit unser Wohlbefinden.

Die PERMA-Theorie wird seit vielen Jahren in zahlreichen Untersuchungen umfassend überprüft und belegt. Eine Studie an einer australischen Privatschule ergab beispielsweise, dass Mitarbeiter, die höhere Resultate in ihrem PERMA hatten, auch eine höhere Arbeitszufriedenheit und höheres Commitment im Job zeigten.[40] Ein höheres Wohlbefinden der Mitarbeiter steht außerdem mit höherer Produktivität, Kundenzufriedenheit und Kundenbindung in Verbindung:[41] Ein direkter und wertvoller Effekt für Unternehmen jeder Art.

Positive Emotionen verbessern zudem kognitive Denkprozesse, Aufmerksamkeit und Kompetenzaufbau,[42] was im Job und auch während einer Personalentwicklungsmaßnahme von großer Bedeutung ist. In einem Experiment sollten Kinder vor dem Beginn einer Lernaufgabe von einem emotionalen Erlebnis berichten.[43] Dabei verglichen die Versuchsleiter drei emotionale Affekte (positive, neutrale und negative) mit zwei verschiedenen Aktivitätsleveln (aktiv und passiv). Beispiel: „Kannst du dich an etwas erinnern, das dich so glücklich machte (glücklich = positiver Affekt), dass du am liebsten die ganze Welt umarmt hättest (Umarmen = aktives Aktivitätslevel)?" bzw. „..., das dich so glücklich machte, dass du dich einfach nur setzen und lächeln wolltest?" (Setzen und Lächeln = passives Aktivitätslevel). Die positiv-aktive Kondition entsprach damit der positiven Emotion „Freude", die positiv-passive Kondition glich dem Zustand von "Zufriedenheit". Die Kinder hatten 30 Sekunden Zeit, über ihr Erlebnis nachzudenken, bevor sie ihre Lernaufgabe erhielten. Das Ergebnis zeigte, dass sowohl die positiv-aktive Kondition (= Freude) als auch die positiv-passive Kondition (= Zufriedenheit) zu einer signifikant schnelleren Lösung der Lernaufgabe führte als alle anderen Konditionen neutraler und negativer Affekte. Übertragen auf die Personalentwicklung bedeutet dies: Mitarbeiter, die Freude und Zufriedenheit sowohl im Job als auch bei Weiterbildungsmaßnahmen verspüren, sind deutlich aufnahmefähiger und schneller in der Lösungsfindung.

Ein negativer Zusammenhang besteht nachweislich zwischen PERMA und Burn-out, Angst und Depression.[44] Das bedeutet, je höher das PERMA der Mitarbeiter, desto niedriger ist die Burn-out-, Angst- und Depressionsrate. Wie bereits im Kapitel über unsere aktuellen Herausforderungen herausgestellt, ist die Reduzierung der Krankheitsrate sowohl aus ethischen wie auch aus wirtschaftlichen Gründen ein erstrebenswertes Ziel für Unternehmen.

PERMA gilt somit als anerkannter Indikator für Wohlbefinden. Das bedeutet natürlich, dass unser PERMA messbar ist. Ja, wir können unser Glück dank der Positiven Psychologie nun auch in Zahlen ausdrücken. Das ist sinnvoll, denn schließlich können wir nur nachweislich verbessern, was wir auch messen können. Alle BWLer sollten jetzt zufrieden nicken. Den Fragebogen für deinen PERMA-Selbsttest („Wie positiv bist du?") habe ich dir natürlich mit ins Buch gepackt. Du findest ihn am Ende dieses Kapitels als Exkurs. Für dein Team findest du ihn zusätzlich im

Workshop-Manual. Falls du es noch nicht hast, scanne den QR-Code auf Seite 7 und lade es dir gleich herunter.

Happiness baut also auf fünf Säulen auf und sorgt dafür, dass wir im Leben aufblühen. Du wirst mir Recht geben, dass ein Unternehmen voller glücklicher Mitarbeiter sicher nett ist. Wenn von denen aber niemand etwas kann, wird der Erfolg ausbleiben. Wie eingangs gesagt, benötigen wir für eine Top Performance im Job neben Happiness noch etwas: die nötige Kompetenz. Damit meine ich natürlich Fachwissen und auch Soft Skills, die es uns ermöglichen, unseren Job kompetent auszuführen. Eine Führungskraft sollte zum Beispiel Dienstpläne schreiben und ein Jahresbudget erstellen können (Fachwissen = Hard Skills), gleichzeitig überzeugend auftreten und ihren Mitarbeitern aktiv zuhören können (Soft Skills). Beides zusammen sind für mich benötigte Kompetenzen, um einen Job gut ausführen zu können. Legen wir unseren Fokus allein auf die Kompetenz (Hard Skills plus Soft Skills), sind wir in der Regel nicht auffallend gut, sondern eher „fähig“ und unauffällig (neutral).

Die Zauberformel als Antwort auf die Herausforderungen des digitalen Zeitalters lautet also:

KOMPETENZ + FLOURISHING (Aufblühen)
= TOP PERFORMANCE.

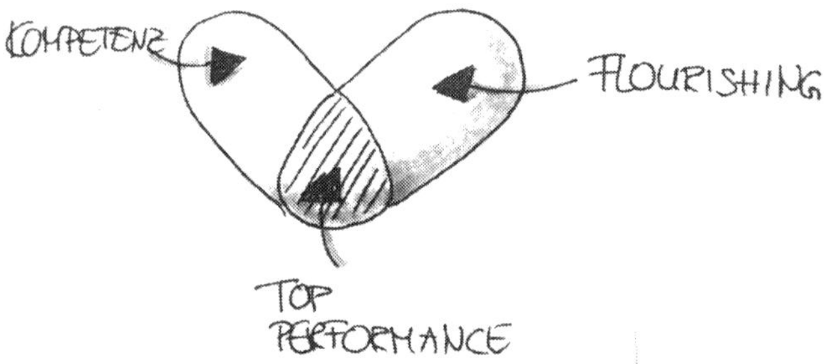

Abbildung 7: Positive Personalentwicklung sorgt für Top Performance

4.3.3 Resilienz

Wenn du die Definition des Begriffs Resilienz einfach aus dem Ärmel schütteln kannst, gehört er wahrscheinlich in irgendeiner Form zu deinem psychologischen, medizinischen oder technischen Fachvokabular, oder du hast ihn schon einmal nachgeschaut. Welch glänzender Übergang. Was schätzt du, wie häufig das Wort Resilienz im Monat gegoogelt wird? Ich verrate es dir: 90.500 Mal allein in Deutschland! Wenn du noch nie etwas mit Keyword-Analysen oder Suchmaschinenoptimierung zu tun hattest, kannst du mit diesem Wert wahrscheinlich überhaupt nichts anfangen. Vor der Recherche zu diesem Buch hatte ich davon auch keine Ahnung. Setzen wir die Zahl also in Relation. Als Trainerin dachte ich gleich an die häufigsten Herausforderungen in Unternehmen oder auch im Leben: Kommunikation und Motivation. Diese Begriffe werden „nur" 40.500 Mal gesucht. Also weniger als halb so häufig. Das hat mich überrascht. Habe ich mich all die Jahre so intensiv in die Positive Psychologie eingearbeitet, um dann festzustellen, dass Resilienz, als ein zentrales Ziel, allen total geläufig ist? Die tiefere Analyse zeigte, dass Resilienz meistens (zu meiner Erleichterung) als Frage formuliert gegoogelt wird, wie z. B.: Was ist Resilienz? Was bedeutet Resilienz? Wie kann Resilienz aufgebaut werden? Es scheint also so zu sein, wie ich es mir dachte: Wir werden mit dem Begriff Resilienz vermehrt konfrontiert, seine Bedeutung ist allerdings noch nicht weit verbreitet. Unternehmen und Führungskräfte sind dabei keine Ausnahme. Um das Geheimnis zu lüften: Resilienz ist „die Fähigkeit zur Aufrechterhaltung oder Wiederherstellung psychischer Gesundheit während oder nach stressvollen Lebensereignissen“[45]. Zudem beinhaltet Resilienz die Fähigkeit, Krisen und Herausforderungen als Wachstumschance zu sehen, umzudenken und gestärkt aus ihnen herauszukommen.

Für die Positive Psychologie ist Resilienz eines der Hauptziele und baut auf die PERMA-Theorie des Wohlbefindens auf. So steht beispielsweise eine hohe Ausprägung bei den PERMA-Faktoren, das heißt ein höheres Wohlbefinden, mit unterdurchschnittlich vielen Krankentagen zusammen und eine niedrige Ausprägung der PERMA-Faktoren steht in Zusammenhang mit überdurchschnittlich vielen Krankheitstagen.[46] Ein höheres Wohlbefinden steht also in Zusammenhang mit höherer Resilienz und Resilienz ist somit zu einem gewissen Grad erlernbar.

Außerdem führt höhere Resilienz zu besserer Lernfähigkeit und akademischer Leistung und geht einher mit geringerer Abwesenheit von der Arbeit und einer verbesserten physischen Gesundheit.[47]

Die fünf PERMA-Faktoren sind die Bausteine für das Flourishing (Aufblühen) und gleichzeitig für die Resilienz.[48] Das bedeutet: Sobald wir an unseren fünf PERMA-Faktoren arbeiten, erhöhen wir unsere Widerstandsfähigkeit. Dabei gelten dieselben Effekte wie bei höherem PERMA aus dem vorherigen Kapitel: Sind Mitarbeiter resilienter, weisen sie weniger Krankentage auf, erhöhen ihre kognitive Leistung und ihre Lösungsfindung und wachsen an Herausforderungen. Zudem weisen sie eine niedrigere Burn-out-, Angst- und Depressionsrate auf. Mitarbeiter, die durch *Positive Personalentwicklung* eine Top Performance liefern, sind also ebenfalls resilient.

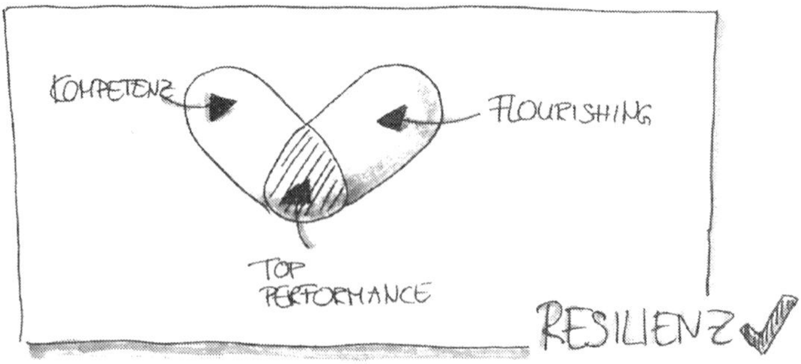

Abbildung 8: Positive Personalentwicklung fördert Resilienz

4.4 Exkurs: Wie positiv bist du?

Wie eben erwähnt, können wir nur verbessern, was wir messen können. Allein jetzt schauen viele Personalentwickler verschämt in die Ecke. Sinnvolle Evaluation von Personalentwicklungsmaßnahmen und Trainings ist in Unternehmen nämlich noch nicht sehr etabliert. Doch das ist ein anderes Thema. In diesem Fall gilt – hingegen vieler Meinungen –, dass Glück tatsächlich messbar ist. Aufbauend auf dem PERMA-Modell misst der PERMA-Profiler[49] den

PERMA-Wert einer Person. Wir können also unser Wohlbefinden in Zahlen ausdrücken.

Misst man den PERMA-Wert sowohl vor als auch nach einer Entwicklungsmaßnahme kann der Effekt dieser Maßnahme ermittelt werden. Ich empfehle dir deshalb, jetzt die 23 Fragen des PERMA-Profilers auf den nächsten Seiten anzukreuzen und wie in der darauffolgenden Anleitung auszuwerten. Mit dem Ergebnis des PERMA-Profilers siehst du sodann dein Glück ausgedrückt in Zahlen. Wenn du dich für einige Zeit mit diesem Buch und der Positiven Psychologie beschäftigst, kannst du in drei oder sechs Monaten den Test wiederholen und sehen, inwieweit sich dein Wohlbefinden erhöht hat. Gleiches gilt natürlich für deine Mitarbeiter.

	Nie										Immer
	0	1	2	3	4	5	6	7	8	9	10
1 Wie oft hast du das Gefühl, dich der Erreichung deiner Ziele zu nähern?											
2 Wie oft bist du ganz in dem versunken, was du gerade tust?											
3 Wie oft fühlst du dich im Allgemeinen voller Freude?											
4 Wie oft fühlst du dich ängstlich?											
5 Wie oft erreichst du wichtige selbstgesetzte Ziele?											
	schlecht										exzellent
6 Wie würdest du deine Gesundheit im Allgemeinen einschätzen?											
	gar nicht										völlig
7 In welchem Ausmaß führst du ein sinnvolles und bedeutsames Leben?											
8 In welchem Ausmaß erhältst du Hilfe und Unterstützung von anderen, wenn du diese brauchst?											
9 In welchem Ausmaß glaubst du, dass das, was du in deinem Leben tust, wertvoll und lohnenswert ist?											
10 In welchem Maß kannst du dich für Dinge interessieren und begeistern?											
11 Wie einsam fühlst du dich in deinem Alltagsleben?											
12 Wie zufrieden bist du derzeit mit deiner Gesundheit?											
	nie										immer
13 Wie oft fühlst du dich im Allgemeinen positiv?											
14 Wie oft fühlst du dich wütend?											
15 Wie oft bist du in der Lage, deinen Verantwortungen gerecht zu werden?											

16 Wie oft fühlst du dich traurig?											
17 Wie oft vergisst du die Zeit während du etwas tust, das du genießt?											
	schlecht										exzellent
18 Wie schätzt du deine Gesundheit im Vergleich zu anderen ein, die dasselbe Geschlecht und Alter wie du haben?											
	gar nicht										völlig
19 In welchem Ausmaß hast du dich bisher geliebt gefühlt?											
20 In welchem Ausmaß glaubst du, dass du im Leben eine Orientierung hast?											
21 Wie zufrieden bist du mit deinen persönlichen Beziehungen?											
22 In welchem Ausmaß fühlst du dich zufrieden?											
23 Wie glücklich fühlst du dich, wenn du alle Aspekte deines Lebens betrachtest?											

Abbildung 9: Deutsche Version des PERMA-Profiler [50] [51]

Auswertung: Addiere die Werte (0-10) der jeweiligen Fragen wie nachfolgend beschrieben zusammen. Neben dem PERMA gibt es eine Einschätzung zu weiteren wichtigen Faktoren, die Einfluss auf unser Wohlbefinden haben. Die letzte Frage dient einer subjektiven Gesamteinschätzung des Wohlbefindens sowie der Vergleichbarkeit mit anderen Fragebögen.[52] Wichtig für dich sind jedoch lediglich die PERMA-Werte. Das Ergebnis kannst du in die jeweilige Zeile schreiben.

(P) Positive Emotionen: Summe aus Fragen 3, 13, 22: ____

(E) Engagement: Summe aus Fragen 2, 10, 17: ____

(R) Positive Beziehungen: Summe aus Fragen 8, 19, 21: ____

(M) Sinn: Summe aus Fragen 7, 9, 20: ____

(A) Zielerreichung: Summe aus Fragen 1, 5, 15: ____

plus

Negative Emotionen: Summe aus Fragen 4, 14, 16: ____

Gesundheit: Summe aus Fragen 6, 12, 18: ____

Einsamkeit: Frage 11: ____

Wohlbefinden gesamt: Frage 23: ____

Der erste Teil des Buches hat dir nun einen Einblick in die theoretischen Grundlagen der Positiven Psychologie gegeben. Im zweiten Teil dieses Buches zeige ich dir, wie du die Positive Psychologie bei deiner Arbeit in der Personalentwicklung anwenden kannst. Ich zeige dir konkrete Methoden und deren Effekte auf, die du ganz einfach im Joballtag oder als Workshop umsetzen kannst.

***

Zwischendurch: Wie geht's dir?

Denke an den Zeitraum von Beginn des Lesens dieses Buches bis jetzt: Welches Gesicht kommt deinem durchschnittlichen Gefühl am nächsten?

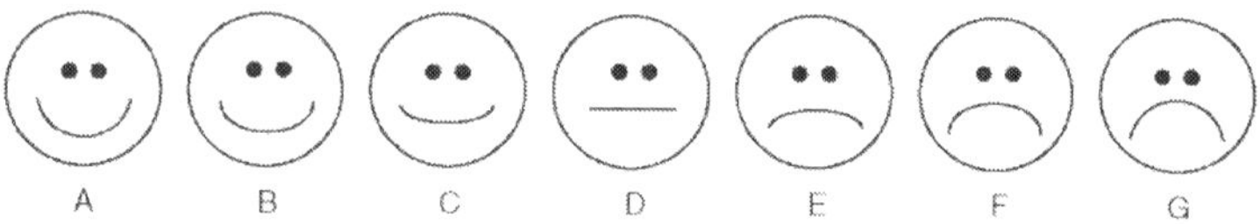

Abbildung 10: Happiness-Skala[53]

TEIL II:

PRAXISANWENDUNG

5 *Positive Training* als Maßnahme

In diesem Kapitel zeige ich dir nun endlich, wie du dein geballtes, neu erworbenes Wissen zur *Positiven Personalentwicklung* in deinem Unternehmen umsetzen kannst. Das Zauberwort hierfür lautet: *Positive Training*! ***Positive Training*** ist eine Personalentwicklungsmaßnahme, die bisherige Trainingsstrategien ersetzen und mit anderen Maßnahmen, wie z. B. Coaching oder Onboarding-Programmen, kombiniert werden kann. Dazu erkläre ich kurz Ziel und Konzept von *Positive Training*, bevor wir in das Herzstück dieses Buches starten: Den ausgewählten Workshop-Methoden, die du direkt umsetzen kannst. Für gute Stimmung, Top Performance und beste Krisenfestigkeit! Diese kannst du in kurzen Workshops mit deinem Team ausprobieren oder direkt in deinen Arbeitsalltag einbauen. Selbstverständlich geht das auch digital.

5.1 Ziel und Konzept

Dieser Teil des Buches ist auch für mich etwas Besonderes, denn ich stelle dir mein besonderes Trainingskonzept vor, das aus der *Positiven Personalentwicklung* resultiert. Ich beschäftige mich seit Jahren in Forschung, Lehre und Training mit der Positiven Psychologie und der Personalentwicklung, habe selbst viel umgesetzt und deutlich mehr gelesen. Dieses Wissen habe ich genutzt, um ein Trainingsmodell zu entwickeln, das in Unternehmen anwendbar ist und wirklich etwas bringt. Es wird noch immer viel zu viel Geld für Trainingsmaßnahmen verbrannt. Obwohl es schon deutlich besser geworden ist, schätze ich, dass noch immer mindestens die Hälfte, wenn nicht 70 Prozent aller Trainingsmaßnahmen inhaltlich sinnlos sind. Damit meine ich nicht, dass sie grundsätzlich überflüssig sind und weggelassen werden sollten, sondern dass sie effektiver gestaltet und besser durchdacht werden müssen. Dafür gibt es zwei Möglichkeiten: Entweder, die Unternehmen tun das selbst, oder sie engagieren einen externen Dienstleister, der mit ihnen gemeinsam eine zielführende Strategie entwickelt und umsetzt. Beides hat Vor- und Nachteile.

Als Trainerin liegt mein Kompetenzbereich ganz klar in der praktischen Mitarbeiterentwicklung. Ich kenne die alltäglichen Problemchen der Mitarbeiter und Führungskräfte und gleichzeitig die wirkungsvollen Instrumente, um sie zu lösen. Da wir in einem glücklichen Zustand außerordentliche Leistungen erbringen können, war somit meine einzigartige Trainingsstrategie geboren: *Positive Training.*

Wenn ein Unternehmen zum Beispiel einen neuen Sales-Mitarbeiter einstellt, dann muss er natürlich erst die Fertigkeiten des Verkaufs erlernen, um seinen Job ausführen zu können. Gleiches gilt für Mitarbeiter mit neuen

Aufgabenbereichen wie der Teamführung. Gewisse neue Skills müssen also erst einmal angeeignet werden. Ich habe im letzten Kapitel geschrieben, dass die klassische Psychologie überwiegend das Defizit fokussiert, das heißt das, was Menschen psychologisch „fehlt". Genau wie wir psychologische Defizite eliminieren müssen, um unser Leben selbständig bewältigen zu können, müssen wir gewisse Skills erlangen, die uns zu einem Job be-**fähig**-en. Auf diese Weise schließen wir unsere Kompetenzlücke in einem Bereich. Genau das ist das Ziel guter Trainings. Der Mitarbeiter entwickelt sich aus einem Kompetenzdefizit heraus zu einem Neutralwert. In der Logik der Positiven Psychologie wird er „unauffällig", im Sinne von: „Ihm fehlt nichts, um seinen Job ausführen zu können." Nun ahnst du, was *Positive Training* bedeutet: Genau wie die Positive Psychologie geht auch *Positive Training* über diesen „Neutralwert" (im Sinne von neutral = fähig = unauffällig) hinaus und fördert gleichzeitig die volle Potentialentfaltung, sodass der Mitarbeiter nicht nur fähig, sondern zu persönlichen Bestleistungen bestrebt ist. Die Besonderheit von *Positive Training* habe ich dir noch einmal in einer Skala visualisiert.

Abbildung 11: Das Ziel von *Positive Training*

Positive Training entwickelt somit nicht nur fähige, sondern zugleich aufblühende, glückliche Mitarbeiter, die von sich aus in der Lage sind, über die Be-**fähig**-ung hinaus das Beste aus sich herauszuholen, um eine Top Performance abzuliefern. Ich erkläre immer gerne mit Metaphern: Stelle dir ein Segelboot vor. Aufgrund eines Jobwechsels fehlen einem Mitarbeiter gewisse Skills, um seine neuen Aufgaben kompetent zu erledigen. Sein Boot hat also ein Leck, das geflickt werden muss, damit es nicht untergeht. Nach einem Seminar ist die Kompetenzlücke geschlossen und das Boot liegt sicher im Wasser. Doch wann nimmt das Boot Fahrt auf? Erst wenn Wind in die Segel bläst, nicht wahr? Genau das bewirkt Flourishing (das Aufblühen im Job durch ein glückliches, positives Mindset). Insgesamt ist das Ziel von *Positive Training* also die volle Potentialentfaltung der Mitarbeiter durch die Vermittlung von beidem: Business Skills *und* Happiness Skills.

Abbildung 12: Die Logik hinter *Positive Training*

POSITIVE POINT:
Das Ziel von *Positive Training* ist es, dass die Mitarbeiter durch die Vermittlung von Business Skills *und* Happiness Skills ihre Potentiale nutzen.

So viel zur Logik hinter *Positive Training.* Um es in der Praxis umzusetzen, besteht das **Trainingsmodell von *Positive Training*** aus zwei sich überschneidenden Ellipsen und baut damit auf das Modell zu *Positiver Personalentwicklung* auf. Die eine Ellipse steht in diesem Fall für Business Skills. Hier befinden sich Inhalte aus Trainingsbereichen wie Kommunikation, Persönlichkeitsentwicklung, Verkauf und Führung mit dem Ziel, jene Skills aufzubauen, die Mitarbeiter bzw. Trainingsteilnehmer zu einer bestimmten Aufgabe befähigen. Die zweite Ellipse des Modells steht entsprechend für den Aufbau eines positiven Mindsets mit dem Ziel, Mitarbeiter zum Flourishing (Aufblühen) zu bringen. Die Kombination aus Business Skills und positivem Mindset bedeutet dabei keinesfalls doppelten Inhalt, doppelte Trainingstage und doppelte Kosten. Denn *Positive Training* besteht allein aus sorgfältig ausgewählten Inhalten, die gleichzeitig sowohl „kompetent" als auch „glücklich" machen. Sie werden mit Übungen und Methoden vermittelt, die in sich selbst wiederum das Wohlbefinden steigern; all das wird gestützt von Erkenntnissen aus wissenschaftlichen Studien. In der Überschneidung der beiden Ellipsen des Modells entstehen entsprechend innovative Seminare des *Positive Trainings* zur vollen Potentialentfaltung: Kompetente und gleichzeitig glückliche Mitarbeiter, die dich und dein Unternehmen zu ungeahnten Erfolgen führen.

Abbildung 13: *Positive Training* – Modell

Jetzt kennst du das Konzept und das Modell von *Positive Training* und weißt, was es so wertvoll und einzigartig macht. Im nachfolgenden Kapitel geht es nun um die praktische Umsetzung.

5.2 Ausgewählte Workshop-Ideen

Die gängigsten Trainingsbereiche sind Kommunikation, Verkauf, Persönlichkeitsentwicklung und Führung. Aus jedem Bereich habe ich deshalb ein Modell ausgewählt, das ich beschreibe und mit Beispielen verdeutliche. So bekommst du einen Eindruck davon, wie *Positive Training* in der Praxis aussieht. Die Übungen helfen dir, die Theorie zu verstehen und im Joballtag anwenden zu können. Es sind allesamt Inhalte aus dem *Positive Training,* die dir auf der einen Seite deinen Job erleichtern (Business Skills) und dich auf der anderen Seite dein Potenzial entfalten lassen (Happiness Skills). Um die Methoden anschließend auch mit deinem Team durchführen zu können, findest du in meinem Workshop-Manual alle Workshop-Beschreibungen und Übungen als Kopiervorlagen. Die Übungen eignen sich ebenfalls für Einzelcoachings sowie für Online-Workshops. Scanne den QR-Code auf Seite 7 mit deiner Smartphone-Kamera oder gib den Link ein und erhalte das Workshop-Manual kostenlos.

5.2.1 Positive Kommunikationskompetenz

Der Trainingsbereich der Kommunikation ist wahrscheinlich der größte. Schließlich ist er unabhängig von einem bestimmten Job, denn Kommunikation findet immer und überall statt. Im *Positive Training* vermittelt dieser Bereich natürlich die *positive*

Kommunikationskompetenz, die für alle beteiligten Parteien zur Bereicherung wird.

Zur Einstimmung auf dieses Thema lade ich meine Seminarteilnehmer gerne zu einer kurzen mentalen Reise ein. Gleiches gilt für dich. Die Augen zu schließen, wäre zum Weiterlesen nicht so praktisch, deshalb empfehle ich dir, Satz für Satz langsam zu lesen und nach jedem Satz eine kurze Pause zum Reflektieren zu machen. Los geht's:

Stelle dir eine Person vor, die dir sehr wichtig ist. Dein Partner, deine Eltern, deine Kinder, dein bester Freund. Woran merkst du, dass eure Beziehung stark ist?

Kann die Person auf dich zählen, egal wie schwierig die Situation ist?

Gibst du ihr Rat, wenn sie Hilfe braucht?

Wie verhältst du dich, wenn diese Person mit einem Problem zu dir kommt?

Legst du dein Handy sofort aus der Hand und siehst sie an?

Unterbrichst du deine wichtige Arbeit?

Schenkst du ihr deine volle Aufmerksamkeit?

Nimmst du sie vielleicht in den Arm und zeigst ihr Mitgefühl?

Verschiebst du einen Termin oder ein Telefonat, weil du jetzt gebraucht wirst?

Schließlich ist gerade nichts wichtiger als das, richtig?

Ist eure Beziehung also stark, weil ihr füreinander da seid, wenn es schwierig ist?

Jetzt stelle dir eine andere Situation vor.

Diese Person ist überglücklich und kommt mit einem breiten Grinsen und einer guten Nachricht zu dir, um sie mit dir zu teilen.

Legst du dein Handy sofort aus der Hand und schaust sie an?

Unterbrichst du deine wichtige Arbeit?

Schenkst du ihr deine volle Aufmerksamkeit?

Nimmst du sie in den Arm und teilst ihre Freude?

Verschiebst du einen Termin oder ein Telefonat, um mit ihr zu feiern?

Bist du also für sie da, wenn die Dinge gut laufen?

Wenn die Teilnehmer meiner Seminare nun die Augen wieder öffnen, höre ich ihre Gehirne rattern. Ich liebe diesen Moment! Als Trainer weißt du: JETZT hast du ihre Aufmerksamkeit für deinen Input!

Wir haben in unserer Gesellschaft gelernt, unsere Aufmerksamkeit ständig auf das Negative, auf Probleme zu lenken. Je öfter wir das machen, desto mehr gelangen wir in eine emotionale Abwärtsspirale, die uns demotiviert, unglücklich und im schlimmsten Fall auch krank macht. Ich zeige dir jetzt, wie du auf positive Nachrichten reagieren kannst, um eine glückliche Beziehung zu Freunden, aber auch zu Kollegen und Kunden aufzubauen. Wir können nämlich auf vier verschiedene Arten mit einer positiven Botschaft unseres Gegenübers umgehen:[54] **aktiv** (bezugnehmend), **passiv** (ignorierend),

destruktiv (zerstörend) und **konstruktiv** (unterstützend). Aus den Kombinationen ergeben sich vier grundlegende Reaktionsmöglichkeiten bei guten Nachrichten:

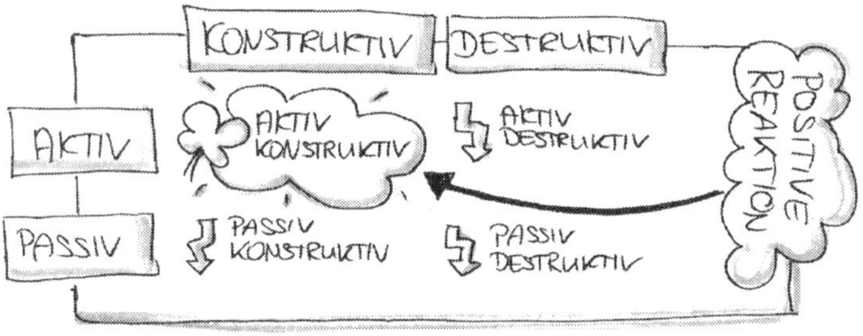

Abbildung 14: Reaktionsmöglichkeiten auf Positive Nachrichten[55]

Beispiel einer guten Nachricht: ***„Ich habe gerade ein großes Lob von einem Kunden erhalten."***

Aktiv-konstruktive Reaktion: Der Adressat hört aktiv zu, erfragt weitere Details, um den anderen ins Wiedererleben zu bringen. Er zeigt Anerkennung für die Leistung, spricht Lob aus und spiegelt die Freude wider. Als Konsequenz entstehen positive Gefühle in beiden Gesprächspartnern. Das Vertrauen und die Beziehung werden nachhaltig gestärkt.

Beispiel: „Wie schön. Das hast du auch wirklich verdient. Wie kam es dazu und was hat er genau gesagt?"

Aktiv-destruktive Reaktion: Der Adressat hört aktiv zu. Er äußert seine Bedenken und definiert mögliche Probleme, die aus der positiven Nachricht hervorgehen könnten. Das Negative wird betont. Als Konsequenz werden gute Gefühle und Euphorie unmittelbar abgebaut und die gesamte

Beziehung wird geschwächt. *Beispiel: „Ein Lob zahlt noch keine Rechnung. Eine Gehaltserhöhung wäre besser."*

Passiv-konstruktive Reaktion: Der Adressat ist abgelenkt und hört nur passiv zu. Er zeigt eine positive, jedoch kurze Reaktion. Die Konversation bricht ab und die Beziehung wird nachhaltig geschwächt. Beispiel: *„Glückwunsch!"*

Passiv-destruktive Reaktion: Der Adressat ist abgelenkt und hört nur passiv zu. Er reagiert kaum auf die positive Nachricht, ist in Gedanken schon bei der eigenen Geschichte, auf die er unmittelbar zu sprechen kommt. Dies hinterlässt einen stark irritierten Sender, dessen Rampenlicht gestohlen wurde. Die Beziehung wird nachhaltig geschwächt. *Beispiel: „Mich nannte mein Chef neulich ‚Rising Star'. Ich werde wohl bald befördert!"*

Hier noch einmal das Beispiel im direkten Vergleich:

Gute Nachricht: *„Ich habe gerade ein großes Lob von einem Kunden erhalten."*

Aktiv-konstruktive Reaktion: *„Wie schön. Das hast du auch wirklich verdient. Wie kam es dazu und was hat er genau gesagt?"*

Aktiv-destruktive Reaktion: *„Ein Lob zahlt noch keine Rechnung. Eine Gehaltserhöhung wäre besser."*

Passiv-konstruktive Reaktion: *„Glückwunsch!"*

Passiv-destruktive Reaktion: *„Mich nannte mein Chef neulich ‚Rising Star'. Ich werde wohl bald befördert!"*

Wenn eine Person eine positive Nachricht teilt, hat dies einen direkten Einfluss auf ihr Wohlbefinden. Das ist nicht unbedingt verwunderlich. Das Spannende dabei ist, dass dieser Effekt *unabhängig vom Inhalt der Nachricht* ist, sondern von der

Reaktion des Gegenübers abhängt.[56] Unser Gegenüber entscheidet also größtenteils darüber, inwieweit uns ein positives Erlebnis, von dem wir berichten, glücklicher macht. *Allein* die aktiv-konstruktive Reaktion wirkt unterstützend auf den Sender und Empfänger und stärkt die Beziehung nachhaltig.[57] Dies geschieht zum einen dadurch, dass seine Leistung anerkannt wird, und zum anderen, da er das Erlebnis und die positiven Emotionen noch einmal durchlebt. Unser Gehirn kann nämlich nicht zwischen Realität und Erinnerung unterscheiden und reagiert in beiden Fällen gleich. Die Paarforschung hat zum Beispiel ergeben, dass sich beide näher, intimer und erfüllter in ihrer Partnerschaft fühlen, wenn der Partner unterstützend auf positive Erlebnisberichte reagiert, als jene, die in einer nicht unterstützenden Weise reagieren.[58] Dies gilt sogar völlig unabhängig von den Reaktionen auf mögliches negatives Verhalten und der Gesundheit der Beziehung im Allgemeinen.[59] Wir bestimmen also selbst, wie häufig wir positive Emotionen erleben, indem wir uns einfach an sie erinnern. Aus diesen Gründen kann eine Person, die aktiv-konstruktiv reagiert, als regelrechter **„Glücks-Multiplikator"** bezeichnet werden.

Die positive Kommunikation steigert einerseits die Kommunikationskompetenz, wie sie unter Kollegen und zu Kunden wichtig für eine reibungslose Zusammenarbeit ist, denn sie schult das „aktive Zuhören". Gleichzeitig erhöht sie das Wohlbefinden nachweislich in zweierlei Hinsicht: Erstens stärkt sie die Beziehung zwischen den Gesprächspartnern. Sie baut Vertrauen auf, das die Grundlage für eine gute Zusammenarbeit unter Kollegen sowie für eine langfristige Kundenbeziehung und erfolgreiche Verkäufe ist. Mit jeder Anwendung erhöht es somit das „R" (Relationships/Beziehungen) des PERMA-Modells, was wiederum zu einem nachhaltig erhöhten Wohlbefinden beiträgt. Zweitens erhöht es das „P" (positive Emotionen) des PERMA-Modells aller Gesprächspartner durch das

Wiedererleben bzw. Teilen positiver Momente. Je öfter wir positive Emotionen erleben, egal ob real oder als Erinnerung, desto mehr und nachhaltiger steigt unser Wohlbefinden.[60]

POSITIVE POINT:
Inwieweit uns ein positives Ereignis glücklicher macht, hängt maßgeblich von der Reaktion derjenigen Person ab, der wir davon erzählen! Allein die aktiv-konstruktive Reaktion wirkt unterstützend auf den Sender und Empfänger und stärkt die Beziehung nachhaltig.

Nun geht's in die Praxis. Formuliere die vier unterschiedlichen Reaktionsmöglichkeiten auf die nachfolgend genannte gute Nachricht. Ich habe dir die Übung mit konkreten Arbeitsanweisungen auch in mein Workshop-Manual gepackt, sodass du sie direkt mit deinem Team durchführen kannst.

ÜBUNG 1:

Gute Nachricht: „Ich habe gerade den Verkauf des Monats abgeschlossen!"

Aktiv-konstruktive Reaktion:

____

____

Aktiv-destruktive Reaktion:

____

____

Passiv-konstruktiv Reaktion:

____

____

Passiv-destruktiv Reaktion:

____

____

ÜBUNG 2:

Gute Nachricht: „Die Kundenzufriedenheit meines Produkts ist nach dem Relaunch deutlich gestiegen."

Aktiv-konstruktive Reaktion:

____

____

Aktiv-destruktive Reaktion:

____

____

Passiv-konstruktiv Reaktion:

____

____

Passiv-destruktive Reaktion:

____

____

KURZWORKSHOP: POSITIVE KOMMUNIKATION

ca. 1,5 Stunden bei max. 10 Teilnehmern

-ABLAUF-

1. Bereite alle Materialien vor und sei vor dem ersten Teilnehmer im Raum.

Begrüße die Teilnehmer, vermittle Eckdaten (z. B. Dauer, Ablauf) und stimme Sie auf das Thema ein (10 Min.). *(Falls du die Teilnehmer nicht kennst, plane weitere 15 Minuten zum kurzen Kennenlernen ein.)*

2. Mache das Gedankenexperiment aus dem Kapitel zu positiver Kommunikation. Frage anschließend, wie es den Teilnehmern ergangen ist (10 Min.). Erkläre und visualisiere das Modell *der aktiv-konstruktiven Reaktion* mit Beispielen (15 Min.).

3. Rege die Diskussion an, in welcher Weise die Teilnehmer meistens reagieren. Lasse dazu Beispiele geben. Lasse reflektieren, welche Gefühle jeweils entstehen (15 Min.).

4. Lasse in Einzelarbeit das *Übungsblatt Positive Reaktion* aus dem Workshop-Manual ausfüllen. Nutze alternativ die Übungen aus diesem Buch (15 Min.).

5. Gehe jede Frage und jede Antwortmöglichkeit reihum durch. Lasse dabei die aktiv-konstruktive Reaktion jedes Mal von allen Teilnehmern mitschreiben, sodass sie sich das Schema leichter einprägen (20 Min.).

6. Fasse das Gelernte zusammen, motiviere zur Umsetzung (Reminder an den Schreibtisch klemmen?) und bedanke dich für die Teilnahme (5 Min.).

5.2.2 Positive Verkaufskompetenz

Verkäufer haben oft den Ruf, nur zu reden und Kaffee zu trinken. Als ehemalige Sales Managerin kann ich jetzt sagen: Da ist was dran! Allerdings aus rein professionellen Gründen. Schließlich besteht ein Großteil ihres Jobs aus dem Aufbau und der Pflege von Kundenbeziehungen, was in unserer Gesellschaft gut und gern im Rahmen gemütlicher Gespräche beim Heißgetränk funktioniert. Dabei ist eine gute Verkaufskompetenz nicht allein den Verkäufern vorbehalten. Eine gewisse Lockerheit im Umgang mit Kunden sollte jeder Mitarbeiter aufbringen, der in direktem Kontakt zu ihnen steht. Obwohl es den einen leichter zu fallen scheint als anderen, wird wohl niemand mit diesem Skill geboren. Ein erfolgreicher Umgang mit Kunden muss und kann erlernt und trainiert werden. Wie stellen wir das am besten an?

Was glaubst du, wie du schneller und nachhaltiger eine tiefe Beziehung zu einem Kunden aufbauen kannst, per E-Mail oder per Telefon? Hier dürfte die Antwort klar sein. Anrufen geht schnell, wir bekommen eine direkte Reaktion und der Kunde erhält somit einen passgenauen Service. Am Telefon können wir zudem Emotionen transportieren und aufnehmen und so eine Bindung zum anderen herstellen. Das ist schriftlich in der Form nicht möglich. Und jetzt sei ehrlich: Wie oft hast du in der vergangenen Woche „lieber schnell eine E-Mail verschickt", anstatt zum Hörer zu greifen? In meinen Seminaren herrscht spätestens jetzt verlegene Stille im Saal. Gleiches gilt im Privatleben: Wer ruft denn heute noch an, statt eine Nachricht zu verschicken? Ganz ehrlich: Wann hast du das letzte Mal deine Pizza telefonisch bestellt (nachdem du deinem hedonistischen Glücksmoment verfallen warst)?

Gut, es muss auch nicht jeder eine emotionale Beziehung zu seinem Pizzaboten aufbauen (wobei das bestimmt auch kein Nachteil wäre), doch wir haben uns einfach an das Schreiben gewöhnt. Und das wird uns zum Nachteil, wenn wir Kundenkontakte knüpfen wollen. Ist das nicht verrückt? Uns ist der Mehrwert eines Telefonats vollkommen bewusst, und trotzdem ignorieren wir ihn. Und weißt du, was meistens der Grund ist? Angst! Angst, einen Kunden zu nerven, Angst, abgewimmelt zu werden, und Angst, keine souveräne Reaktion auf ein Argument zu wissen, zu stottern und sich zu blamieren. Und auch Verkäufer sind keine Ausnahmen. Im Gegenteil. Die Erfahrung zeigt, dass die Angst vor dem Anrufen allgegenwärtig und damit die wohl größte und teuerste Hürde im Sales ist – auch bei langjährigen Sales-Mitarbeitern. Wäre mir das damals in meinem Sales-Job bewusst gewesen, wäre das ein oder andere Projekt sicher erfolgreicher gewesen. An dieser Stelle: Liebe Grüße an meinen Ex-Chef, der mir dennoch immer das Gefühl gab, zufrieden mit mir zu sein.

Im *Positiven Verkauf* unterscheiden wir zwischen einem **ängstlichen** und einem **mutigen Sales-Mindset.** Mutige Eigenschaften wie Proaktivität, Selbstbewusstsein, Mut, Optimismus und Dankbarkeit führen dabei zu erhöhtem Wohlbefinden und entsprechend zu besserer Leistung.[61] Das bedeutet ganz konkret: Glückliche Mitarbeiter schaffen nachweislich 37 Prozent höhere Verkäufe.[62] SIEBENUNDDREIßIG PROZENT! HALLO? Was bedeutet das bitte für deinen Umsatz? Umgekehrt liegt es auf der Hand, dass ein ängstliches Sales-Mindset den Firmen im Jahr Millionen kostet. Und dem Kunden ist dann noch immer nicht geholfen.

In der folgenden Abbildung stelle ich dir die beiden Mindsets und ihre Eigenschaften gegenüber und verdeutliche sie jeweils mit einem repräsentativen Zitat. Ich bin mir sicher, dass du dich an der ein oder anderen Stelle wiederfindest.

Angst-getriebener Verkauf	vs.	Mut-getriebener Verkauf
Reaktiv *„Der Kunde wird sich schon melden, wenn er etwas braucht."*		**Proaktiv** *„Der Kunde hat so viel um die Ohren. Ich helfe ihm, indem ich ihn kontaktiere."*
100 %	50	100 %
Schüchtern *„Der Kunde wird mich schnell abwimmeln."*		**Selbstbewusst** *„Der Kunde wird sich freuen, mit mir zu sprechen."*
100 %	50	100 %
Sanft *„Ich schreibe lieber eine E-Mail, dann kann der Kunde sich melden, wenn es ihm passt. Ich will ihn nicht stören."*		**Unerschrocken** *„Ich rufe den Kunden direkt an, weil mir nichts passieren kann."*
100 %	50	100 %
Pessimistisch *„Der Kunde hat sowieso kein Interesse. Er mag mich nicht."*		**Optimistisch** *„Mein Produkt und meine Unterstützung werden den Kunden begeistern."*
100 %	50	100 %
Zynisch *„Ständig schwatze ich Kunden mein Produkt auf."*		**Dankbar** *„Wie cool ist mein Job, dass ich dem Kunden helfen kann?"*
100 %	50	100 %
Aufgeben *„Der Kunde hat keinen Bedarf und das gilt jetzt und für immer."*		**Durchhalten** *„Der Kunde verlässt sich darauf, dass ich regelmäßig bei ihm nachfrage, falls sich sein Bedarf geändert hat."*
100 %	50	100 %
Fokus auf Produkt und Verkauf *„Der Kunde kauft ein Produkt, wenn und weil er es benötigt. Ich bin nur Mittel zum Zweck."*		**Fokus auf Wert und Beziehung** *„Ich interessiere mich ernsthaft für den Menschen hinter der Kundenfassade und baue eine langfristige vertrauensvolle Beziehung auf. Wenn der Kunde mir vertraut, wird er niemals woanders kaufen."*
100 %	50	100 %

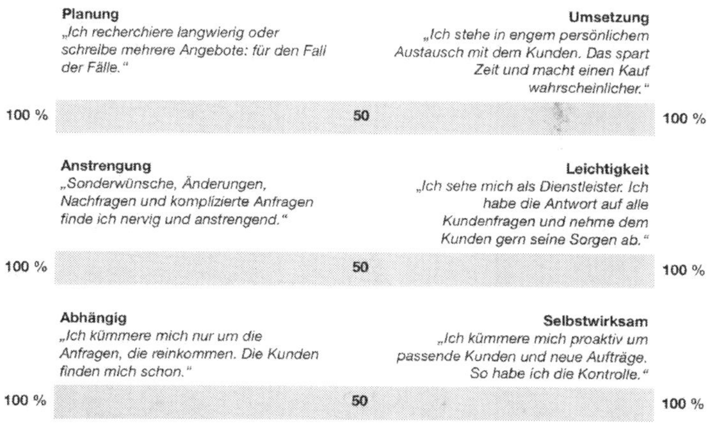

Abbildung 15: Angst- vs. Mut-getriebener Verkauf [63]

Laut dem Gesetz der Anziehung ist es doch so: Wir ziehen an, was wir ausstrahlen. Wenn du optimistisch, positiv, dankbar und unerschrocken dem Verkauf und dem Kunden gegenüberstehst, dann führst du auch das Verkaufsgespräch mit dem Kunden auf optimistische, positive, dankbare und unerschrockene Weise. Das ist kein Disney-Magic-Moment, sondern Psychologie. Du strahlst mit Körperhaltung, Wortwahl und deinen Handlungen deine Gedanken aus. Sind diese positiv, überzeugst du auch deinen Kunden. Wenn dein Kunde dir vertraut, wird er bei dir kaufen. Gegenteilig verhält es sich natürlich gleichermaßen. Stehst du dem Verkauf zurückhaltend, pessimistisch und angestrengt gegenüber, wirst du genau das auf deinen Kunden übertragen, und er wird nicht kaufen. Zufrieden bist dann weder du noch dein Kunde, was sich wiederum negativ auf dein Mindset auswirkt. Du merkst, du gelangst damit leicht in eine Abwärtsspirale deines

Verkaufserfolgs, die es umgekehrt zu nutzen gilt: Ein mutiges Mindset für eine Aufwärtsspirale. Es sind also nicht deine Gesprächstechniken oder deine Erfahrungen, die maßgeblich für deinen Erfolg sind, sondern dein Mindset.

Und das funktioniert folgendermaßen: Das Nutzen der mutigen Eigenschaften trägt zu erhöhtem Wohlbefinden bei. Der Grund dafür ist, dass sich die mutigen Eigenschaften in den PERMA-Faktoren widerspiegeln, wie folgendes Beispiel zeigt: Verkaufen wir *positiv,* erleben wir *(P) positive Emotionen*, wie Dankbarkeit und Freude daran, einem Kunden eine Lösung für sein Problem zu bieten. Wir erleben uns in einer positiven Rolle, in der wir anderen Menschen das Leben leichter machen können, was unser proaktives *(E) Engagement* fördert. Wir sind gänzlich für unsere Kunden da, sehen sie als individuelle Menschen mit eigenen Bedürfnissen, nehmen ihnen ihre Sorgen ab und legen den Fokus in erster Linie auf eine nachhaltige *(R) positive Beziehung*. (Mein Tipp dabei ist vor allem: Stelle Fragen, statt Geschichten zu erzählen. Das strengt weniger an, du erfährst mehr und dein Kunde fühlt sich wertgeschätzt.) Du siehst dich als Dienstleister, dessen übergeordneter *(M) Sinn* die bedingungslose Unterstützung des Kunden ist. Dieser übergeordnete Sinn deines Jobs als Verkäufer besteht unabhängig von einem unmittelbaren Verkauf. Deshalb bringen dich vorübergehende Absagen oder aktuelles Desinteresse an deinem Produkt nicht vom Erfolgskurs ab. Du hältst durch, weil du weißt, dass der Bedarf deines Kunden sich immer wieder verändert. Wenn dies der Fall ist, wird er wegen seiner positiven Beziehung zu dir auch nirgends anders kaufen. Somit erreichst du deine *Verkaufsziele (A)* langfristig und mit Leichtigkeit. Insgesamt trägt also ein positiver Verkauf zur Erhöhung des gesamten PERMA bei. Und wie du weißt, bedeutet ein höheres PERMA auch ein gesteigertes Wohlbefinden. Dies zeigt sich wiederum in deinem positiven Verkaufs-Mindset und bewirkt als Konsequenz erneut höhere Verkäufe! Herzlich willkommen in der Aufwärtsspirale deines Verkaufserfolgs, dem nun keine Grenzen mehr gesetzt sind!

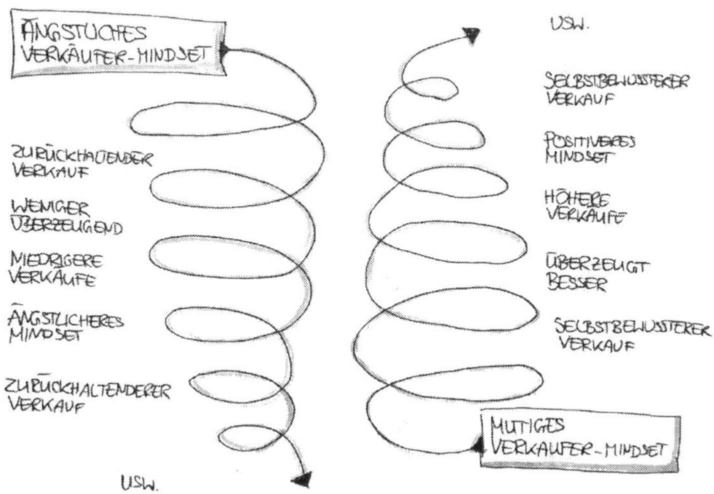

Abbildung 16: Ängstliches vs. Mutiges Verkäufer-Mindset

POSITIVE POINT:
Es sind nicht deine Gesprächstechniken oder Erfahrungen, die ausschlaggebend für deinen Verkaufserfolg sind, sondern dein Mindset! Sales-Mitarbeiter mit mutigem Mindset erzielen nachweislich 37 Prozent höhere Verkäufe!

Auch zum Thema positiver Verkauf habe ich dir eine Übung vorbereitet, damit du das theoretische Wissen auf deinen Joballtag übertragen kannst. Wie immer findest du die Übungen auch in meinem Workbook-Manual (siehe S. 7), um sie mit deinem Team durchführen zu können. Auf dass eure Verkäufe durch die Decke schießen!

ÜBUNG:

Teil 1

1. Sieh dir die Abbildung „Angst- vs. Mut-getriebener Verkauf" in diesem Kapitel an.

2. Setze auf dem jeweiligen Spektrum zu deiner Selbsteinschätzung ein Kreuz. Das Spektrum reicht von 100 Prozent der beiden Extreme Angst und Mut, bis zu einem 50/50-Verhältnis in der Mitte.

3. In welchen Eigenschaften bist du besonders mutig?

- ____
- ____
- ____

Teil 2

1. Identifiziere die Eigenschaft, in der du am ängstlichsten bist:

- ____
- ____
- ____

2. Wie kannst du die mutigen Eigenschaften aus Punkt 3 nutzen, um die Angst aus Punkt 4 zu überwinden?
Beispiel für Eigenschaften „Sanft" & „Fokus auf Beziehung": Das eigene Talent für guten Beziehungsaufbau nutzen, um statt E-Mail-Versand ein Telefonat zu führen, in dem es nicht um Verkauf, sondern um die Stärkung der Beziehung zu deinem Kunden geht.

3. Überwinde direkt beim nächsten Kunden diese ängstliche Eigenschaft, indem du deinen Mut nutzt.

4. Belohne dich nach diesem großen Erfolg!

5. Wiederhole den Durchgang bei anderen Kunden und mit den anderen Eigenschaften.

KURZWORKSHOP: POSITIVER VERKAUF

ca. 1,5 Stunden bei max. 10 Teilnehmern

-ABLAUF-

1. Bereite alle Materialien vor und sei vor dem ersten Teilnehmer im Raum.

2. Begrüße die Teilnehmer, vermittle Eckdaten (z. B. Dauer, Ablauf) und stimme sie auf das Thema ein (10 Min.). *(Falls du die Teilnehmer nicht kennst, plane weitere 15 Minuten zum kurzen Kennenlernen ein.)*

3. Verteile den Fragebogen Sales-Mindset aus dem Workshop-Manual. Alternativ nutze die Tabelle in diesem Kapitel.

4. Geht den Bogen Zeile für Zeile gemeinsam durch (jeder Teilnehmer liest eine Zeile vor). Lasse jeweils einen kurzen Moment Zeit, damit die Teilnehmer ihre Selbsteinschätzung per Kreuz auf der Skala vornehmen können (15 Min.).

5. Erkläre und visualisiere die Aufwärts- und Abwärtsspirale der Verkäufer-Mindsets und den Hintergrund der Positiven Psychologie (Kapitel 5.2.2 und Kapitel 4) (15 Min.).

6. Lasse die Teilnehmer jeweils ihre *drei* mutigsten Eigenschaften umkringeln (grün).

7. Lasse die Teilnehmer jeweils *eine* ihrer ängstlichsten Eigenschaften umkringeln (rot).

8. In Partnerarbeit soll nun erarbeitet werden, wie die mutigsten Eigenschaften genutzt werden können, um die ängstlichste Eigenschaft zu überwinden. Du gibst Tipps (20 Min.).

9. Lasse die Teilnehmer ihre Ergebnisse präsentieren und rege eine Diskussion an (20 Min.).

10. Wiederhole das Gelernte. Lasse die Teilnehmer ihre Ergebnisse sichtbar an den Schreibtisch hängen und motiviere sie, direkt beim nächsten Kunden ihre Ängste zu überwinden und ihre mutigen Eigenschaften häufiger zu nutzen (5 Min.).

HINWEIS: Ein weiterer Test nach 3 Monaten kann die Entwicklung deutlich machen.

5.2.3 Positive Persönlichkeitsentwicklung

Die Persönlichkeitsentwicklung ist ein weiteres großes Feld der Personalentwicklung. Schließlich ist es wichtig, sich selbst und andere besser zu verstehen, um gut im Team zusammenzuarbeiten. In der Positiven Psychologie wird die Persönlichkeitsentwicklung insbesondere durch das Thema Charakterstärken abgedeckt. Für *Positive Training* spielen diese deshalb ebenso eine bedeutende Rolle. Bevor ich wusste, welchen positiven Einfluss der Einsatz von Charakterstärken im Job hat, hatte ich bei dem Thema komischerweise direkt die Pädagogen im Kopf, die bei Kindern „Stärken stärken" möchten. Mit der Businesswelt brachte ich das nie in Verbindung, da es irgendwie immer einen erzieherischen Beigeschmack hatte. Damit hätten meine Chefs damals nie bei mir gepunktet. Vielleicht geht es dir ähnlich.

Das Thema Charakterstärken wird in der Positiven Psychologie hingegen sehr professionell angegangen und ist absolut businesstauglich. Im Trainingsbereich nenne ich es deshalb „positive Persönlichkeitsentwicklung", da der Fokus auf dem Vorhandenen, nämlich auf den Stärken, liegt.

Zu Beginn bitte ich dich, an deine drei größten persönlichen Schwächen zu denken. Benenne drei Fähigkeiten, von denen du weißt, dass du darin nicht gut bist. Ich rede hier nicht von Skills, sondern wirklich von Persönlichkeitseigenschaften.

Hast du sie?

Dann denke jetzt an deine drei größten Stärken. Drei Fähigkeiten, die deine Persönlichkeit im positiven Sinne ausmachen.

Lies erst weiter, wenn du drei Schwächen und drei Stärken gefunden hast.

In meinen Seminaren geht den Teilnehmern die erste Liste meist sehr schnell von der Hand, während für die Aufzählung der Stärken mehr Zeit benötigt wird. Wenn es dir auch so ging, dann gehörst du zum Großteil der Bevölkerung. In der Regel sind uns unsere Schwächen sehr präsent, während wir über unsere Stärken etwas länger nachdenken müssen. Der Grund dafür ist der gleiche, wie zu Beginn schon angesprochen: Unser erlernter Fokus auf das Negative, der in unserer Gesellschaft weit verbreitet ist. (Achte mal drauf. Von den Nachrichten über Social Media, zu Gesprächen mit Familie und Freunden: Es ist wirklich Wahnsinn, wie negativ unsere Worte und Gedanken sind).

Zweite Frage: Worüber hast du lieber nachgedacht, über deine Schwächen oder über deinen Stärken? Ich schätze, es waren die Stärken. Und das ist auch nicht verwunderlich, schließlich konzentrieren wir uns auf unsere wunderbarsten Eigenschaften, die uns zu einem ganz besonderen Menschen machen. Wenn es dir so geht wie den meisten, dann kommt dieses wohlige Gefühl, was uns besonders macht, im Joballtag viel zu kurz. Ständig geht es darum, was noch verbessert werden muss, was beim nächsten Mal anders gemacht werden sollte, worin wir uns noch entwickeln müssen und was uns noch fehlt, um weiterzukommen.

Ein großes Thema ist hierbei der Vergleich mit anderen, die wir für erfolgreicher, smarter, geschickter, hübscher, schlanker, kompetenter, überzeugender und charismatischer halten. Es ist super, die Stärken anderer Personen zu erkennen, und auch, sie als Inspiration zu nutzen. Sich eine Schwäche abzutrainieren ist außerdem eine große Leistung und kann in bestimmten Fällen sinnvoll sein. Doch was passiert, wenn wir uns immer darauf konzentrieren, worin andere besser sind und wie wir unsere Schwächen loswerden? Punkt eins ist (erinnere dich an die Logik der Positiven vs. der klassischen Psychologie): Aus dem negativen Bereich kommen wir maximal in den neutralen. Heißt, wenn wir uns eine Schwäche abtrainieren, können wir maximal eine unauffällige Eigenschaft aus ihr machen. Wir werden es wahrscheinlich niemals schaffen, aus einer Schwäche eine Stärke zu machen.

Neulich habe ich dazu ein schönes Beispiel gelesen: Steffi Grafs große Stärke war damals ihre Vorhand. Damit ist sie erfolgreich und als „Madame Forehand" berühmt geworden. Als ihr Training umgestellt wurde, um ihre Rückhand zu verbessern, fiel ihre Leistung auf einmal ab. Was war passiert? Es wurde der Fokus vom Positiven, von ihrer Stärke, auf etwas gelenkt, in dem sie nicht ausgesprochen gut war (bei Profisportlern kann hier nicht von einer Schwäche die Rede sein, aber du verstehst, was ich meine). Das entspricht auch genau der Logik klassischer Trainings mit dem Ziel, das Defizit zu eliminieren. In der Positiven Psychologie und im *Positive Training* wollen wir aber mehr: Wir wollen positiv auffallen! Dazu legen wir im *Positive Training* unseren Fokus auf das Positive, werden uns unserer Stärken bewusst und setzen diese öfter ein. Wir lernen und trainieren, wie in der gesamten Positiven Psychologie, uns wieder auf das zu konzentrieren, was da ist, und nicht auf das, was fehlt.

Im Gegenzug zu Skills und Wissen sind Stärken in uns angelegt, müssen aber entdeckt, verstanden und trainiert werden. In ihnen liegt der Großteil unserer Lebensenergie begründet[64] und sie gelten als zuverlässiger Prädiktor für unser Wohlbefinden.[65] Sogar im Vergleich mit völlig anderen Aktivitäten zur Steigerung des Wohlbefindens, wie Zeit in der Natur zu verbringen, hat der Einsatz von Charakterstärken den größten Effekt auf unser Wohlbefinden.[66] Laut der Positiven Psychologie ist das Kennen und optimale Einsetzen der Charakterstärken deshalb von zentraler Bedeutung. Der tägliche Stärkeneinsatz sorgt für mehr Energie und Engagement bei Mitarbeitern und sollte deshalb von Führungskräften und Personalentwicklern gefördert werden.[67]

Die Stärkenorientierung ist in der Führung keine neue Erfindung. Die Positive Psychologie bietet hierfür aber nun endlich die fundierte wissenschaftliche Basis, die vorher nicht in dem Maße existierte. Zweifle also lieber die Verlässlichkeit deiner bisher genutzten teuren psychologischen Testverfahren von Personalentwicklungsunternehmen an und nutze Alternativen. Es gehört zur guten wissenschaftlichen Praxis der Positiven Psychologie, die unter strenger Forschung abgeleiteten Erkenntnisse über Persönlichkeitseigenschaften für die breite Masse zugänglich und anwendbar zu machen.[68]

Die Psychologen Chris Peterson und Martin Seligman entwickelten dafür ein Modell mit 24 messbaren Charakterstärken, die sechs Tugenden zugeordnet sind.[69] Es besagt, dass jeder Mensch einen Großteil dieser 24 Stärken in sich trägt, jedoch mit jeweils unterschiedlich starker Ausprägung. Unsere ausgeprägtesten Charakterstärken sind die sogenannten **Signaturstärken**. Dies sind jene Eigenschaften, die wir mit Leichtigkeit anwenden und mit denen wir uns identifizieren – im Job und im Privatleben.[70] Somit hat jeder Mensch ein eigenes Stärkenprofil, das so individuell ist wie sein Fingerabdruck. Der wichtigste Prädiktor für Arbeitsergebnisse ist, wie gut die Signaturstärken zur Aufgabe passen.[71] Im Folgenden werden alle 24 Charakterstärken, aufgeteilt in sechs Tugenden, aufgeführt. Anschließend folgt ein Test zu deinem persönlichen Stärkenprofil. Du kannst auch die Beschreibungen der Charakterstärken zunächst überspringen und zuerst den Test machen. Am Ende findet sich wieder ein Ablauf für einen Kurzworkshop zum Thema Charakterstärken mit deinem Team.

6 TUGENDEN UND 24 CHARAKTERSTÄRKEN:[72] [73]

TUGEND 1: WEISHEIT & WISSEN

Psychologische Stärken der Weisheit und des Wissens beinhalten insbesondere kognitive Persönlichkeitseigenschaften, die dem Erwerb und der Nutzung von Wissen dienen. Unter dieser Tugend ist nicht ein hoher IQ zu verstehen, sondern ein hart erworbenes und zum Guten angewendetes Wissen.

ZUGEHÖRIGE STÄRKEN:

KREATIVITÄT: Kreative Menschen verfügen über ein ausgeprägtes Denken über neue Problemlösungswege und haben oft kreative und originelle Ideen. Sie begnügen sich nicht mit konventionellen Lösungswegen, wenn bessere Möglichkeiten vorhanden sind.

NEUGIER: Neugierige Menschen interessieren sich für alle möglichen Dinge des Alltags, stellen immer wieder Fragen und finden unterschiedliche Themen und Inhalte sehr interessant und faszinierend. Sie erforschen und entdecken gerne die Welt.

LIEBE ZUM LERNEN: Wissbegierige und lernwillige Menschen lernen gerne neue Dinge und lassen sich vom Lernen begeistern. Dabei eignen sie sich gerne neue Fertigkeiten und Fähigkeiten an oder bauen ihr vorhandenes Wissen aus.

URTEILSVERMÖGEN: Menschen mit einem ausgeprägten Urteilsvermögen durchdenken und hinterfragen gerne Gedanken und Überzeugungen und versuchen, verschiedene Perspektiven einzunehmen. Sie ziehen keine schnellen Schlussfolgerungen und verlassen sich bei ihren Entscheidungen auf Tatsachen. Sollten sich die Gegebenheiten ändern, sind sie durchaus in der Lage, ihre Meinung anzupassen.

WEISHEIT: Weitsichtige bzw. tiefsinnige Menschen werden von ihren Mitmenschen als weise bezeichnet und bei Problemen um Ratschläge gebeten. Sie haben einen guten Überblick und eine reife Sichtweise vom Leben.

TUGEND 2: MUT

Psychologische Stärken des Mutes beinhalten insbesondere emotionale Persönlichkeitseigenschaften, die das Erreichen von Zielen im Angesicht durch Überwinden von inneren und äußeren Widerständen unterstützen. Die Definition dieser Tugend umfasst das Überwinden von Angst, ethische Integration und den Willen zur Bewältigung in gefährlichen und schwierigen Situationen.

ZUGEHÖRIGE STÄRKEN:

AUTHENTIZITÄT: Authentische Menschen sprechen nicht nur von der Wahrheit, sondern leben danach und bleiben ihren Prinzipien treu. Sie stehen mit beiden Beinen auf dem Boden und täuschen nichts vor.

TAPFERKEIT: Tapfere Menschen fürchten sich nicht vor Bedrohungen, Herausforderungen, Schwierigkeiten und Schmerzen. Sie stehen trotz Widerständen zu ihren Meinungen und Überzeugungen.

ENTHUSIASMUS: Begeisterungsfähige Menschen streben mit viel Energie und Enthusiasmus nach ihren Zielen. Sie machen keine halben Sachen. Das Leben ist für solche Menschen ein Abenteuer.

AUSDAUER: Ausdauernde Menschen streben danach, begonnene Arbeiten zu Ende zu führen, auch wenn Schwierigkeiten auftauchen. Sie lassen sich nicht durch innere und äußere Faktoren ablenken und erleben eine Zufriedenheit in der Aufgabenerfüllung.

TUGEND 3: MENSCHLICHKEIT

Psychologische Stärken der Menschlichkeit beinhalten zwischenmenschliche Persönlichkeitseigenschaften, die in Beziehungen zu anderen Menschen zum Tragen kommen und liebevolle Interaktionen ermöglichen. Zu dieser Tugend gehören prosoziales und altruistisches Verhalten, Empathie und Sympathie.

ZUGEHÖRIGE STÄRKEN:

BINDUNGSFÄHIGKEIT: Menschen mit ausgeprägter Fähigkeit zu lieben und sicherer Bindungsfähigkeit schätzen Beziehungen hoch ein, die von gegenseitigem Geben und Nehmen geprägt sind.

FREUNDLICHKEIT: Freundliche und großzügige Menschen tun ihren Mitmenschen gerne einen Gefallen. Sie genießen es, großzügig und nett zu anderen Menschen zu sein.

SOZIALE INTELLIGENZ: Sozial kompetente Menschen sind sich ihrer Motive und Gefühle hinsichtlich anderer Menschen bewusst und wissen, wie sie sich in unterschiedlichen sozialen Situationen verhalten müssen.

TUGEND 4: GERECHTIGKEIT

Psychologische Stärken der Gerechtigkeit beinhalten Persönlichkeitseigenschaften, die für die Beziehung zwischen dem Individuum und der Gruppe oder Gemeinschaft bedeutsam sind und das Gemeinwesen fördern. Diese Tugend schließt die Vorstellungen von Gerechtigkeit als Belohnung im Verhältnis zu den Verdiensten als Gleichheit für alle und als Berücksichtigen individueller Bedürfnisse mit ein.

ZUGEHÖRIGE STÄRKEN:

FÜHRUNGSVERMÖGEN: Menschen mit einem ausgeprägten Führungsvermögen unterstützen eine Gruppe bei Aufgaben und Problemlösungen und bemühen sich um ein arbeitsförderndes Klima innerhalb der Gruppe. Sie können Aktivitäten organisieren und sorgen dafür, dass sie erledigt werden.

FAIRNESS: Die Gleichbehandlung aller Menschen ist ein zentrales Prinzip fairer Menschen. Sie lassen sich in ihren Entscheidungen nicht durch persönliche Gefühle beeinflussen und geben allen eine Chance.

TEAMFÄHIGKEIT: Teamfähige Menschen können am besten arbeiten, wenn sie Teil einer Gruppe sind. Sie sind loyal und betrachten die Gruppenzugehörigkeit als zentralen Faktor.

TUGEND 5: MÄSSIGUNG

Psychologische Stärken der Mässigung beinhalten Persönlichkeitseigenschaften, die Menschen vor Unmässigkeiten und Exzessen schützen.

ZUGEHÖRIGE STÄRKEN:

VERGEBUNGSBEREITSCHAFT:
Menschen mit dieser Stärke sind eher in der Lage Vergangenes (z.B. zwischenmenschliche Konflikte) ruhen zu lassen und einen Neuanfang zu wagen.

BESCHEIDENHEIT:
Bescheidene Menschen zeichnen sich dadurch aus, dass sie nicht mit ihren Erfolgen prahlen. In der Menge fallen sie nicht gerne auf und wollen nicht die Aufmerksamkeit auf sich ziehen, sondern ziehen es vor, andere reden zu lassen.

VORSICHT:
Vorsichtige Menschen treffen Entscheidungen sorgfältig, denken über mögliche Konsequenzen vor dem Sprechen und Handeln nach und können Recht von Unrecht unterscheiden.

SELBSTREGULATION:
Menschen mit ausgeprägter Selbstregulation bekunden keine Mühe, ihre Gefühle und ihr Verhalten in entsprechenden Situationen zu kontrollieren. Sie zeichnen sich dadurch aus, dass sie längerfristigen Erfolg dem kurzfristigen vorziehen.

TUGEND 6: TRANSZENDENZ

Psychologische Stärken der Transzendenz beinhalten Persönlichkeitseigenschaften, die es Menschen ermöglichen, eine Beziehung zu einer höheren Instanz zu haben und dem Leben Sinn zu verleihen. Diese Tugend umfasst alles, was jenseits des menschlichen Verstandes liegt, was die Menschen ihre Sorgen vergessen lässt und ihrem Dasein Bedeutung verleiht.

ZUGEHÖRIGE STÄRKEN:

SPIRITUALITÄT: Religiöse bzw. spirituelle Menschen haben starke und kohärente Überzeugungen über den Sinn und Zweck des Universums. Ihre religiösen Überzeugungen beeinflussen ihre Handlungen und sind eine Quelle des Trostes und der Kraft.

DANKBARKEIT: Dankbare Menschen sind sich der guten Dinge bewusst, die sie in ihrem Leben haben. Sie werden als dankbare Personen eingeschätzt, weil sie sich stets Zeit nehmen, um ihre Dankbarkeit auszudrücken.

HOFFNUNG: Hoffnungsvolle Menschen sind positiv gegenüber der Zukunft eingestellt. Sie denken, dass sie auf ihre Zukunft einen Einfluss haben und tun ihr Möglichstes, um ihre Ziele zu erreichen.

SINN FÜR DAS SCHÖNE: Menschen mit dieser Stärke nehmen Dinge bewusst wahr und können sich darüber freuen. Sie zeigen ein ausgeprägtes Interesse an Schönheit und Leistungen in verschiedenen Lebensbereichen (z. B. Natur, Musik, Kunst, Wissenschaft, alltägliche Erfahrungen).

HUMOR: Menschen mit der Stärke des Humors lieben es zu lachen, es lustig zu haben und andere zum Lachen zu bringen. Sie versuchen, verschiedene Situationen von einer leichteren Seite her zu betrachten.

Jede dieser der 24 Charakterstärken steht mit PERMA in Verbindung. Das bedeutet, dass eine gewisse Ausprägung einer Stärke einer gewissen Ausprägung des PERMA entspricht. Je intensiver eine Charakterstärke ausgeprägt ist, desto höher ist das PERMA im Vergleich zur niedrigeren Ausprägung der Stärke. Die fünf Faktoren hängen dabei untereinander zusammen. Trainiert jemand beispielsweise seine Stärke *Humor*, wird das „P“ (positive Emotionen) in

PERMA erhöht. Gleichzeitig erhöhen sich dabei auch die übrigen PERMA-Faktoren. Durch das Trainieren einer Stärke wird man also immer sämtliche PERMA-Faktoren erhöhen, und nicht nur eine bestimmte. Folglich bedeutet das, dass wir nicht einen Faktor erhöhen können, während ein anderer Faktor sinkt.

„Cool", denkst du dir jetzt vielleicht, „dann erzähle ich einfach übertrieben viele Witze, trainiere also meine Stärke Humor und werde dadurch wahnsinnig glücklich." Davon rate ich dir in deinem eigenen Interesse und zum Schutze der Menschen um dich herum ab. Nein, du musst natürlich nicht der neue Sprücheklopfer werden. Denn beim Stärkeneinsatz kommt es vor allem auf das *optimale Maß* an. Wenn wir unsere Stärken *untertreiben* oder *übertreiben*, können sie sogar hinderlich für unser Wohlbefinden sein. Aus der Stärke Mut kann entweder Feigheit (Untertreibung) oder Übermut (Übertreibung) werden. Aus Bescheidenheit kann Prahlerei (Untertreibung) oder Selbstverleugnung (Übertreibung) werden. Alles ist nicht gut für unser Glück. Wie unsere Mitmenschen auf unseren übertriebenen Humor reagieren, kannst du sicher denken. Unsere Charakterstärken sollten wir also in der Intensität weder unter- noch übertrieben einsetzen. Der Tipp lautet deshalb: Setze deine Stärken *häufiger und in möglichst diversen Situationen* ein.[74] So wirst du dein PERMA langfristig erhöhen.

ÜBUNG:

Nun bist du bestimmt schon gespannt, wie dein Stärkenprofil aussieht. Du kannst den Charakterstärkentest kostenlos online unter **http://kirstengahlen.pro.viasurvey.org** durchführen (Hinweis: Du kannst die Sprache verändern). Oder scanne den QR-Code. Mit deiner Teilnahme unterstützt zu zudem die weitere Forschung.

1. Nachdem du den Charakterstärkentest durchgeführt hast, trage hier deine **größten 5 Stärken** ein, die auf der angezeigten Liste ganz oben stehen:

1. ______________________________

2. ______________________________

3. ______________________________

4. ______________________________

5. ______________________________

2. Wähle aus der Liste nun diejenigen 3 Stärken aus, die dich am besten beschreiben. Dies sind deine **Signaturstärken.** Schaue dir für das richtige Verständnis der Stärken noch einmal die Beschreibungen weiter vorn an.

1. ______________________________

2. ______________________________

3. ______________________________

3. Wobei kannst du im Job deine Signaturstärken ab sofort **häufiger** einsetzen?

KURZWORKSHOP: CHARAKTERSTÄRKEN

ca. 2 bis 2,5 Stunden bei max. 10 Teilnehmern

-ABLAUF-

1. Bereite alle Materialien vor und sei vor dem ersten Teilnehmer im Raum.

2. Begrüße die Teilnehmer, vermittle Eckdaten (z. B. Dauer, Ablauf) und stimme sie auf das Thema ein (10 Min.).
(Falls du die Teilnehmer nicht kennst, plane weitere 15 Minuten zum kurzen Kennenlernen ein.)

3. Erkläre und visualisiere die Relevanz und die Vorteile der Nutzung der Charakterstärken mit dem Hintergrund der Positiven Psychologie (15 Min.).

4. Lasse die Teilnehmer den QR-Code scannen und den *Charakterstärkentest** machen: (30 Min.).

5. Erkläre die einzelnen Charakterstärken und Signaturstärken wie im Buch und verteile das *Charakterstärken-Sheet*. Alternativ nutze die Übung in diesem Buch (15 Min.).

6. Lasse die Teilnehmer ihr Ergebnis auf das Charakterstärken-Sheet übertragen und das Sheet bearbeiten (15 Min.).

7. Lasse 3 neue Situationen identifizieren, in denen die Teilnehmer ab sofort ihre Signaturstärken im Job *häufiger* anwenden können. Diskutiert die Ergebnisse (40 Min.).

8. Wiederhole das Gelernte. Lasse die Teilnehmer ihre Ergebnisse sichtbar an den Schreibtisch hängen und motiviere sie zur Umsetzung (5 Min.).

*HINWEIS: Der kostenlose Test bietet lediglich eine eingeschränkte Auswertungsmöglichkeit. Wenn du an einem detaillierten Bericht interessiert bist und erfahren möchtest, mit welchen Übungen du die jeweiligen Stärken nachweislich erhöhen kannst, schreibe mir gern eine E-Mail für ein kostenloses Erstgespräch, und wir finden eine individuelle Lösung für dich und dein Team. Gern auch als Online-Lösung (scanne hierfür den QR-Code oder nutze **info@kirstengahlen.de**).

5.2.4 Positive Führungskompetenz

Führungskräfte, wie du vielleicht eine bist, spielen eine der wichtigsten Rollen in Unternehmen: Sie können selbstbestimmt Verantwortung für ihr Team übernehmen und durch ihren Einfluss auf ihre Mitarbeiter Außerordentliches für das gesamte Unternehmen vollbringen. Dieses Kapitel widmet sich deshalb dem erfolgreichen Führungskonzept der Positiven Psychologie: dem *Positive Leadership.*

In Zeiten des schnellen Wandels und Dauerstresses fühlen sich Führungskräfte oft stark unter Druck gesetzt, der hohen Erwartung und Verantwortung gerecht zu werden. Bei dem eigenen Termindruck ist es kaum möglich, ausreichend Zeit für die Mitarbeiter aufzubringen, sie optimal zu coachen und bei Laune zu halten. Kompetente Führungskräfte mit einem positiven Mindset sind daher selten und entsprechend wertvoll.

Sie können mit ihrer Positivität ihr Team mit Leichtigkeit zum Erfolg führen und anspruchsvolle Ziele gar übertrumpfen. *Positive Leadership* ist einer der besten Einflüsse, um Unternehmen erfolgreich zu machen. Manager, die die Stärken ihrer Mitarbeiter fokussieren, erbringen im Durchschnitt einen 36,4-prozentigen Leistungsanstieg. Dagegen fällt die Leistung derer um bis zu 26,8 Prozent, deren Führungskräfte ihre Aufmerksamkeit auf Schwächen lenkt.[75] Das ist ein Delta von 63,2 Prozent! Wie du siehst, ist die Fähigkeit des *Positive Leadership* unglaublich mächtig und wert, trainiert zu werden.

Für *Positive Leadership* gibt es verschiedene Definitionen und Modelle. Für die Einfachheit gilt an dieser Stelle: *Positive Leadership* ist das Führungsverhalten, das bei Mitarbeitern einen positiven Einfluss auf deren PERMA-Faktoren hat. Und zwar im Optimalfall auf alle fünf (für eine Wiederholung zu PERMA schau dir noch einmal das Kapitel zu Top Performance an). *Positive Leadership* ist also das, was eine Führungskraft dazu beiträgt, das PERMA der Mitarbeiter insgesamt zu steigern, um sie zum Aufblühen (Flourishing) zu bringen. Dabei wirkt *Positive Leadership* auf allen fünf PERMA-Säulen. Eine hohe Ausprägung in den PERMA-Faktoren ist somit die Konsequenz von *Positive Leadership*. Wie die folgende Abbildung zeigt, ermöglicht ein „Positive Leader" positive Emotionen, fördert individuelles Engagement, schafft tragfähige Beziehungen, vermittelt Sinn in der Arbeit und macht Erreichtes sichtbar.

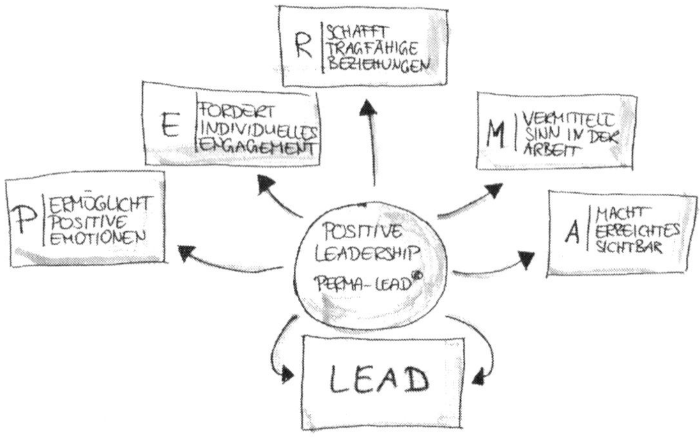

Abbildung 17: PERMA-Lead-Modell[76]

Es gibt zwar auch andere Ansätze und Modelle für *Positive Leadership*, für *Positive Training* halte ich PERMA-Lead aber für das beste, mit dem ich sehr gern arbeite. Es ist ein übersichtliches Modell, das auf der grundlegenden PERMA-Theorie aufbaut, die du ohnehin bereits kennst. Gleichzeitig zeigt PERMA-Lead, wie sich eine Führungskraft konkret zu verhalten hat, um nachweislich das Wohlbefinden und damit die Leistung der Mitarbeiter zu erhöhen. Damit ist es leicht in der Praxis anwendbar, was natürlich ein wichtiges Kriterium im *Positive Training i*st. Die wissenschaftliche Fundierung ist ebenfalls gegeben, und in der Entwicklung des Modells wurden sogar bedeutsame Managementtheorien eingeschlossen wie z. B. die Big Five.[77] Das bedeutet, dieses eine Modell reicht als Grundlage aus, um eine sehr gute Führungskraft zu werden. Obwohl dieses Modell relativ neu ist, konnten Studien bereits dessen Relevanz belegen: Je höher die PERMA-Lead-Ausprägung der Führungskraft, desto höher die Kreativität bei der Lösungsfindung und desto geringer die chronische Stressbelastung und Burn-out-Gefährdung der Mitarbeiter.[78] Abgesehen davon ist es naheliegend, dass eine Führungskraft, die ein hohes PERMA-Lead aufweist, auch selbst von den positiven Konsequenzen profitiert.

POSITIVE POINT:
Eine hohe PERMA-Lead-Ausprägung der Führungskraft bedeutet hohe Kreativität bei der Lösungsfindung, geringe chronische Stressbelastung und niedrige Burn-out-Gefährdung der Mitarbeiter.

Wie ich schon an mehreren Stellen erklärt habe, ist die Evaluation des Trainingseffekts im *Positive Training* wichtig, um Erfolge sichtbar zu machen. Außerdem können sich Unternehmen so von überflüssigen und sinnlosen Maßnahmen verabschieden. Die Messung der PERMA-Lead-Kompetenz geschieht durch den *PERMA-Lead Profiler*. In einem umfangreichen Bericht der Testergebnisse erhält die Führungskraft ein genaues Bild davon, in welchem der PERMA-Lead-Faktoren sie bereits gut abschneidet und wo, verglichen mit einem Benchmark (ein Vergleichs- und Referenzwert, der durch den Benchmarking-Prozess gewonnen wird), noch Entwicklungsmöglichkeit besteht. Angenommen, das Ergebnis deines PERMA-Lead Profilers zeigt ein überdurchschnittliches Ergebnis von 88 Prozent für den Bereich Emotionen. Dann weißt du, dass du schon viel dafür tust, dass deine Mitarbeiter „positive Emotionen erleben", und kannst es weiterhin stärken. Liegst du im Bereich Zielerreichung bzw. Accomplishment (das „A" in PERMA) auf einem eher durchschnittlichen Level, weißt du ganz konkret, dass du mehr dafür tun kannst, „Erreichtes sichtbar zu machen". Sprich, Erfolge zu feiern.

Hast du Interesse am PERMA-Lead Profiler? Schreibe mir dazu einfach eine E-Mail, und ich melde mich umgehend bei dir (info@kirstengahlen.de).

In meinen Seminaren oder in Einzelcoachings werden nach der Analyse konkrete Ideen zur Umsetzung erarbeitet. Das können die Methoden und Übungen sein, die ich in den vorherigen Kapiteln zu Kommunikation, Verkauf und Persönlichkeitsentwicklung beschrieben habe. Zudem gebe ich dir hier noch weitere Ideen, wie du *Positive Leadership* im Joballtag umsetzen kannst:

IDEEN FÜR *POSITIVE LEADERSHIP:*

(P) Ermöglicht positive Emotionen: Frage zu Beginn deiner Meetings nach dem absoluten Highlight der Woche und lasse deine Mitarbeiter dieses Erlebnis detailliert berichten. Je ausgeschmückter sie erzählen, desto mehr positive Emotionen werden wieder erlebt. Beim Erzähler und dem ganzen Team. Ganz ohne dein Zutun ist das ein schöner Kontrast zur sonstigen allgemeinen Nörgelei.

(E) Fördert individuelles Engagement: Ermögliche deinen Mitarbeitern, ihre Jobbeschreibungen so zu ergänzen, dass sie ihre Stärken häufiger einsetzen können. Das macht Spaß und bringt gute Ergebnisse.

(R) Schafft tragfähige Beziehungen: Führe eine Dankbarkeitskultur ein. Gehe mit gutem Beispiel voran und notiere auf bunten hochwertigen Karten, wofür du einem speziellen Teammitglied an dem Tag dankbar bist. Das können Kleinigkeiten sein, wie für das Lächeln am Morgen oder für die Unterstützung eines Kollegen. Stelle allen Blankokarten zur Verfügung und lasse dein Team sich untereinander täglich danken. Schenke jedem Mitarbeiter eine Pinnwand, an der er seine Dankeskarten sichtbar aufbewahren und sich täglich an ihnen erfreuen kann. Dankbarkeit ist eine der mächtigsten Emotionen und hat einen positiven Effekt – sowohl auf den Sender als auch auf den Empfänger einer Nachricht.

(M) Vermittelt Sinn in der Arbeit: Lege Führungsprinzipien, Wertorientierung und die Unternehmensethik offen für alle Mitarbeiter dar und lebe sie. Erzähle vor allem vom Sinn hinter deinem neuen Positive-Leadership-Ansatz. Mitarbeiter bewerten ihre Tätigkeit als wertvoll und sinnvoll, wenn sie die Werte des Unternehmens bzw. der Führungskraft kennen und teilen.

(A) Macht Erreichtes Sichtbar: Zeige Wertschätzung, lobe Mitarbeiter, die Ziele erreicht haben, so klein sie auch sein mögen. Lasse sie von ihren Erfolgen berichten, feiert gemeinsam und frage sie nach ihrer Erfolgsstrategie. So erlaubst du Zeit zum Verschnaufen, motivierst zu Höchstleistungen und lässt die Mitarbeiter selbst verstehen, dank welcher Handlungen sie erfolgreich waren.

HINWEIS: Ich habe mich in diesem Kapitel auf vier Konzepte und Modelle reduziert, die ich für grundlegend halte: „Aktiv-konstruktive Reaktion" (positive Kommunikation),

„Mutiges Verkäufer-Mindset" (positiver Verkauf), Charakterstärke (Persönlichkeitsentwicklung) und PERMA-Lead (*Positive Leadership*). Wenn du an weiteren Ideen für konkrete Methoden für *Positive Training* interessiert bist, melde dich für meinen Newsletter an (siehe S. 7). Mit ihnen verschicke ich regelmäßig neue Trainingsmethoden und relevantes Wissen, das du direkt in deinem Joballtag oder in deine Seminare einbauen kannst. Stay Connected!

6 Now Go and Flourish!

Nun hast du alles, was du brauchst, um deine Mitarbeiter zu einem glücklichen, resilienten Top-Performance-Team zu entwickeln. Du hast das Zeug dazu, dein Team, deinen Job und dein Unternehmen zu transformieren, um auch selbst glücklich, gesund, erfüllt und erfolgreich zu werden: privat wie im Job. Dieses Buch hat wahrscheinlich deshalb deine Aufmerksamkeit auf sich gelenkt, weil du genau danach strebst. Du wusstest bereits, dass sich Führung und Personalentwicklung verändern müssen, nur fehlte dir das „Wie". So hast du bewusst oder unbewusst deinen Fokus auf eine Lösungsfindung gelegt und warst bereit für die Antwort: *Positive Training.* Damit warst du schon vor Beginn des Buches wesentlich weiter als die meisten anderen. Um *Positive Training* in deinem Team oder Unternehmen erfolgreich zu etablieren, gebe ich dir noch ein paar abschließende Tipps:

1. Bilde ein glückliches, resilientes Top-Performance-Team: Du weißt nun um die Macht von *Positive Training.* Nutze sie, um aus dir und deinen Mitarbeitern wahre Superhelden zu machen! Die Summe deiner Handlungen führt zu deinem Erfolg. Hierbei ist mir wichtig: alles kann, nichts muss. Ich habe in diesem Buch ganz verschiedene Methoden und Modelle erklärt. Es ist nicht der Anspruch, dass du jeden Tipp umsetzt. Jeder Leser ist eine andere Persönlichkeit und hat einen anderen Job und andere Möglichkeiten. Wenn du zwei oder drei Dinge umsetzt, bist du schon wirklich gut dabei.

2. Teile dein neues Wissen: Das ist eine große Bitte von mir an dich: Verteile dein neues Wissen über *Positive Training* an so viele Menschen wie möglich, sodass alle wissen, wie zukunftsorientierte Personalentwicklung aussieht. Die Gründe dafür sind einfach. Erstens: Geben allein macht schon glücklich! Dich selbst, und auch den anderen, der dir sehr dankbar sein wird! Zweitens: Du übernimmst Verantwortung dafür, dein Mindset und dein Team komplett umzukrempeln. Das ist die Voraussetzung für deinen Erfolg. Und drittens: Du bist nun Teil der Mission, die Personalentwicklung in den Unternehmen zu revolutionieren, um unsere Gesellschaft glücklich und maximal erfolgreich zu machen!

3. Der Erfolg steht und fällt mit deinem Mindset. Diesen Punkt halte ich für den wichtigsten. Denn auch wenn die Wirkung der beschriebenen Methoden wissenschaftlich bestätigt ist, wirst du nachhaltig nur erfolgreich sein, wenn du selbst an die Macht eines positiven Mindsets glaubst. Du musst selbst radikal umdenken, jeden Tag Positivität trainieren und (ganz wichtig) am Ball bleiben. Mein Aufruf an dich lautet also: Trainiere und lebe dein neues Mindset, strahle es authentisch aus und reiße andere mit. Unterscheide dich von denen, die zwischendurch nur ein paar Methoden mal ausprobieren, damit ihre Mitarbeiter mehr Leistung bringen. So würde sich nichts ändern. Diese Personen werden weiterhin Mitarbeiter haben, die destruktiv, demotiviert und häufig krank sind, und sie werden weiterhin jeden Tag mit mäßigem Erfolg den Motivator spielen müssen. Was du willst, ist eine nachhaltige Veränderung deines Teams. Fakt ist: Es gibt wohl keine erfolgreiche Person, die die eigenen mentalen Fähigkeiten ignoriert hat! Also spiele mit offenen Karten, teile dein Wissen mit Mitarbeitern, Kollegen und Entscheidern und führe euch zum Erfolg! Es ist reine Einstellungssache!

4. Manche Menschen wirst du nicht überzeugen. Bei manchen Personen beißt du auf Granit. Du könntest dich auf den Kopf stellen. Sie wollen sich trotzdem nicht von der Relevanz von *Positive Training* überzeugen lassen. Das ist vollkommen okay, lasse dich dadurch nicht beirren. Es ist nicht deine Aufgabe, geschlossene Türen einzurennen und die Menschen zu bekehren. Das frustriert dich nur, nervt die anderen und bringt keinen Erfolg. Gleiches gilt für mich: Wenn jemand jetzt am Ende dieses Buches noch immer nicht von *Positive Training* überzeugt ist, ist das schade, aber vollkommen in Ordnung. Er hat vielleicht eine andere Strategie für die Personalentwicklung, mit der er sehr gut fährt. Überlege du dir ebenfalls, wie du mit Personen umgehen willst, die du nicht überzeugen kannst. Das ist auch eine Chance, dir dein perfektes Team aufzubauen. Denn wenn du Positivität ausstrahlst, ziehst du auch genau das an. Gleiches gilt für Trainer und ihre Kunden. Ich sehe es als eine natürliche Selektion, durch die genau jene Menschen in unserem Leben bleiben, die zu uns passen.

5. Hole dir Unterstützung. Hole dir die Geschäftsführung oder zumindest deinen direkten Chef mit ins Boot. Es ist deutlich leichter für dich, wenn du von „oben" unterstützt wirst. Durchhalten ist auch bei *Positiver Personalentwicklung* das A und O, um langfristig erfolgreich zu bleiben. Ein negativer Chef hingegen, der belächelt, was du tust, wird dir garantiert alles kaputt machen. Dann solltest du dir selbst eher die Frage stellen, ob du auf lange Sicht dort glücklich wirst. Ein Experte an deiner Seite kann dir zudem helfen, das *Positive Training* im Unternehmen zu etablieren und am Ball zu bleiben. Das kann ein Coach, ein Strategieberater und Trainer sein, der sich in dem Bereich auskennt. Von einzelnen Coaching-Sessions für dich als Führungskraft, On-the-Job-Training oder Workshops bis hin zu umfassenden Strategieberatungen und Change-Prozessen unterstützt er dich darin, deine Ziele zu erreichen, und ist wahnsinnig wertvoll. Schreibe mir hierzu einfach eine E-Mail **(info@kirstengahlen.de)** oder melde dich via XING.

6. Zufrieden? Schreibe eine Rezension. Leider wird das Bücher-Business von sogenannten Fake-Autoren immer größer. Es werden Menschen dazu bezahlt, die Konkurrenz-Autoren mit ähnlichen Titeln schlecht zu bewerten, um selbst besser dazustehen - es ist unglaublich. Deshalb mein dringender Aufruf: Wenn du gut findest, was ich mache und mich unterstützen willst, dann teile deine Zufriedenheit in einer Rezension. Auch wenn du normalerweise nie bewertest, mache eine Ausnahme und tu' etwas Gutes :-). Dafür danke ich dir von Herzen!

7. Stay Connected. Du gehörst zu den Allerersten, die von der *Positiven Personalentwicklung* erfahren. Wir stehen also noch am Anfang, und in naher Zukunft wird sich noch einiges in dem Bereich tun. Wenn du auf dem Laufenden gehalten werden möchtest, praktische Tipps für deinen Job erhalten und Teil dieser „Revolution" bleiben möchtest, lade ich dich herzlich ein, meinen Newsletter zu abonnieren. Als Dankeschön erhältst du das mehrfach erwähnte Workshop-Manual zum Download (einfach den QR-Code scannen).

***

Zu guter Letzt

Denke über den Zeitraum nach, in dem du dieses Buch gelesen und seine Methoden (allein oder im Team) umgesetzt hast: Welches Gesicht kommt deinem durchschnittlichen Gefühl am nächsten?

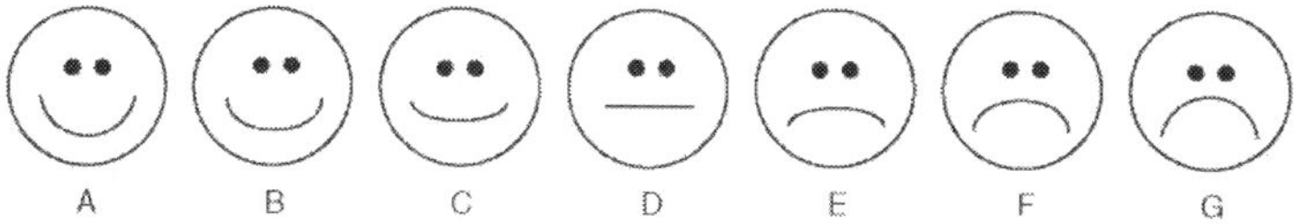

Abbildung 18: Happiness-Skala[79]

Vergleiche das Gesicht mit dem Ergebnis vom Beginn und der Mitte des Buches. Bist du schon etwas glücklicher geworden, und was war der spezielle Grund? Allein die Beschäftigung mit unserem Glück hat oft schon einen positiven Effekt. Setze weiterhin dein Wissen um, und dein Leben wird sich schrittweise positiv verändern.

Danksagung

Dankbarkeit ist eine der mächtigsten Emotionen, wenn es um unser Glück geht.[80] Damit dieses Buch trotz einer turbulenten Lebensphase (oder gerade durch sie?!) entstehen konnte, hatte ich tatkräftige Unterstützung.

Zuerst danke ich meiner Familie, mir überhaupt die Zeit zum Schreiben gegeben und mich ermutigt zu haben, mein Buch selbst zu verlegen.

Ich danke meinen kritischen Testlesern für ihre ehrliche Meinung und genialen Ideen, meiner talentierten Coverdesignerin, die meine kreativen Ergüsse gefiltert und wunderbar umgesetzt hat, sowie meiner Lektorin für den sprachlichen Feinschliff.

Ein besonderer Dank gilt allen Wissenschaftlern und Praktikern der Positiven Psychologie für ihre wertvolle Arbeit. Ein Teil der Bewegung zu sein ist ein bereicherndes Gefühl.

Zu guter Letzt danke ich auch dir, lieber Leser, für dein Vertrauen in mein Buch und deine Hilfe dabei, die Personalentwicklung zu revolutionieren.

VIELEN DANK
FÜR DEINE BEWERTUNG

Setze ein Zeichen und unterstützte junge Autoren,
die die Welt **wirklich** ein bisschen besser machen wollen!

1000 DANK!

Jetzt mit nur 1 Klick bei Amazon bewerten:

Literaturverzeichnis

1. Andrews, F.M. & Withey, S.B. (1976). Social indicators of well-being. New York: Plenum Press.

2. Becker, M. (2011). *Systematische Personalentwicklung* (2. Aufl.). Stuttgart: Schäffer-Poeschel. S. 8

3. Meier, H. (1991). *Personalentwicklung*. Wiesbaden: Gabler. S. 6

4. Tannenbaum, S. (2002). A strategic view of organizational training and learning.

5. *Süddeutsche Zeitung*. (2019). Arbeitsmarkt bleibt stabil: Weiterbildung wird wichtiger. (Ausgabe vom 28.12.2019.) Veröffentlicht unter https://www.sueddeutsche.de/karriere/arbeitsmarkt-frankfurt-am-main-arbeitsmarkt-bleibt-stabil-weiterbildung-wird-wichtiger-dpa.urn-newsml-dpa-com-20090101-191228-99-282138. (Letzter Zugriff 30.04.2020).

6. Springer Professional. (2019). Unternehmen und Mitarbeiter zahlen mehr für Weiterbildung. (Ausgabe vom 20.03.2019). Veröffentlicht unter https://www.springerprofessional.de/aus--und-weiterbildung/finanzierung/unternehmen-investieren-mehr-in-weiterbildung-als-der-staat/16550856. (Letzter Zugriff 30.04.2020).

7. *Süddeutsche Zeitung*. (2020). Wer sich nicht weiterbildet, verliert den Anschluss. (Ausgabe vom 22.02.2020. Veröffentlicht unter https://www.sueddeutsche.de/karriere/fortbildung-arbeit-lernen-1.4809020. (Letzter Zugriff 30.04.2020).

8. Norddeutscher Rundfunk. (2020) Weiterbildung: Chancen werden kaum genutzt. (Ausgabe vom 03.01.2020). Veröffentlicht unter https://www.ndr.de/nachrichten/schleswig-holstein/Weiterbildung-C

hancen-werden-kaum-genutzt,qualifizierung100.html. (Letzter Zugriff 30.04.2020).

9. Springer Professional (2019). Unternehmen vernachlässigen berufliche Weiterbildung. (Ausgabe vom 26.09.2019). *Springer Professional*. Veröffentlicht unter https://www.springerprofessional.de/aus--und-weiterbildung/personalentwicklung/unternehmen-vernachlaessigen-berufliche-weiterbildung/17150982. (Letzter Zugriff 30.04.2020).

10. Statistisches Bundesamt (2017). *Berufliche Weiterbildung in Unternehmen: Fünfte Europäische Erhebung über die ber in Unternehmen (CVTS5)*. Veröffentlicht unter https://www.destatis.de/DE/Themen/Gesellschaft-Umwelt/Bildung-Forschung-Kultur/Weiterbildung/Publikationen/Downloads-Weiterbildung/weiterbildung-unternehmen-5215201159004.pdf?__blob=publicationFile. (Letzter Zugriff 30.04.2020).

11. von der Gracht, H., & Becker, M. (2014). Lernen im Jahr 2030: Von Bildungs-Avataren, virtuellen Klassenräumen und Gehirn-Doping in der Führungs- und Fachkräfteweiterentwicklung.

12. Werner, D. (2006). Trends und Kosten der betrieblichen Weiterbildung. Ergebnisse der IW-Weiterbildungserhebung 2005. *IW-Trends, 33*(1), 1–19.

13. Wolf, T., & Strohschen, J.-H. (2018). Digitalisierung: Definition und Reife. *Informatik-Spektrum, 41*(1), 56-64. doi:10.1007/s00287-017-1084-8.

14. Bandura, A. (1994). Self-efficacy. In V. S. Ramachaudran (Ed.), Encyclopedia of human behavior (Vol. 4, pp. 71-81). New York: Academic Press.

15. Techniker Krankenkasse. (2019). *Gesundheitsreport Arbeitsunfähigkeit*. Retrieved from https://www.tk.de/resource/blob/2060908/b719879a6b6ca54c1f2ec600985fb616/gesundheitsreport-au-2019-data.pdf (letzter Zugriff 02.05.2020).

16. Carr, A. (2011). *Positive psychology*. London [u.a.]: Routledge.

17. Linley, A. and Garcea, N. (2013), "Engaging graduates to recruit the best", *Strategic HR Review*, Vol. 12 No. 6, pp. 297-301. https://doi.org/10.1108/SHR-05-2013-0050

18. Mangelsdorf, J., “Positive Psychologie im Coaching - Positive Coaching für Coaches, Berater und Therapeuten”, Springer Verlag, Wiesbaden, 4.

19. Gable, S. L., & Haidt, J. (2005). What (and why) is positive psychology? *Review of general psychology, 9*(2), 103.

20. Weltgesundheitsorganisation. (1946). *Verfassung*. Veröffentlicht unter https://www.admin.ch/opc/de/classified-compilation/19460131/201405080000/0.810.1.pdf. (Letzter Zugriff 02.05.2020).

21. Seligman, M. E., & Csikszentmihalyi, M. (2000). Positive psychology: An introduction. *American psychologist, 55*(1), 5-14.

22. Diener, E., & Seligman, M. E. (2004). Beyond money: Toward an economy of well-being. *Psychological science in the public interest, 5*(1), 1-31.

23. Dodge, R., Daly, A. P., Huyton, J., & Sanders, L. D. (2012). The challenge of defining wellbeing. *International Journal of Wellbeing, 2*(3).

24. Voigt, C. (2017). Employing hedonia and eudaimonia to explore differences between three groups of wellness tourists on the experiential, the motivational and the global level. In S. Filep, J. Laing, & M. Csikszentmihalyi (Eds.), *Positive Tourism* (pp. XII, 218 Seiten :). New York: Routledge.

25. Diener, E. (1984). Subjective Well-Being. *Psychological Bulletin, 95*(3), 542-575.

26. McMahan, E. A., & Estes, D. (2011). Hedonic Versus Eudaimonic Conceptions of Well-being: Evidence of Differential Associations With Self-reported Well-being. *Social Indicators Research, 103*(1), 93-108. doi:10.1007/s11205-010-9698-0.

27. Ryan, R. M., & Deci, E. L. (2001). On happiness and human potentials: A review of research on hedonic and eudaimonic well-being. *Annual review of psychology, 52*(1), 141-166.

28. Kahneman, D. & Deaton, A. (2010). High income improves evaluation of life but not emotional well-being. Proceedings of the National Academy of Sciences Sep 2010, 107 (38) 16489-16493; DOI: 10.1073/pnas.1011492107.

29. Ryan, R. M., & Deci, E. L. (2001). On happiness and human potentials: A review of research on hedonic and eudaimonic well-being. *Annual review of psychology, 52*(1), 141-166.

30. Ryff, C. D., & Singer, B. H. (2008). Know thyself and become what you are: A eudaimonic approach to psychological well-being. *Journal of Happiness Studies, 9*(1), 13-39.

31. Helliwell, J., Layard, R., & Sachs, J. (2019). World Happiness Report 2019, New York: Sustainable Development Solutions Network.

32. Seligman, M. E. P. (2002). Authentic happiness: using the new positive psychology to realize your potential for lasting fulfillment. New York: Free Press.

33. Lyubomirsky, S., Sheldon, K. M., & Schkade, D. A. (2005b). Pursuing Happiness: The Architecture of Sustainable Change *Review of general psychology, 9*(2), 111-131.

34. Lykken, D., & Tellegen, A. (1996). Happiness is a stochastic phenomenon. *Psychological Science, 7*, 186-189.

35. Eigene Darstellung; nach Lyubomirsky, S., Sheldon, K. M., & Schkade, D. A. (2005b). Pursuing Happiness: The Architecture of Sustainable Change *Review of general psychology, 9*(2), 111-131.

36. Fredrickson, B. L., & Losada, M. F. (2005). Positive affect and the complex dynamics of human flourishing. *American psychologist, 60*(7), 678–686. doi:10.1037/0003-066X.60.7.678. (S.678)

37. Seligman, M. E. P. (2011). Flourish: A visionary new understanding of happiness and well-being. New York, NY: Free Press.

38. Eigene Darstellung auf Grundlage von Seligman (2011)

39. Butler, J., & Kern, M. L. *The PERMA-Profiler: A brief multidimensional measure of flourishing.* International Journal of Wellbeing, 6(3). (2016).

40. Kern, M., Waters, L., Adler, A., & White, M. (2014). Assessing employee wellbeing in schools using a multifaceted approach: Associations with physical health, life satisfaction, and professional thriving. *Psychology*, *5*(06), 500-513. DOI: 10.4236/psych.2014.56060

41. Frey, B. S. & Frey M.S. (2010). Glück: Die Sicht der Ökonomie. *Wirtschaftsdienst, 90* (7), 458-463. DOI: 10.1007/s10273-010-1097-2

42. Fredrickson, B. L. (1998). What good are positive emotions?. *Review of general psychology*, *2*(3), 300-319. DOI: 10.1037/1089-2680.2.3.300

43. Masters, J. C., Barden, R. C., & Ford, M. E. (1979). Affective states, expressive behavior, and learning in children. *Journal of Personality and Social Psychology, 37*(3), 380–390

44. Butler, J., & Kern, M. L. (2016). The PERMA-Profiler: A brief multidimensional measure of flourishing. *International Journal of Wellbeing, 6*(3).

45. Deutsches Resilienzzentrum. (2020). Veröffentlicht unter https://lir-mainz.de/resilienz. (Letzter Zugriff 20.04.2020).

46. Ebner, M. (2019). Positive Leadership: Erfolgreich führen mit PERMA-Lead: die fünf Schlüssel zur High Performance (Ebook). Wien: Facultas Verlags- und Buchhandels AG.

47. Miles, J. (2015). The importance of building resilience. *Counselling Directory.* Retrieved from

https://www.counselling-directory.org.uk/counsellor-articles/the-importance-of-building-resilience. (Letzter Zugriff 20.04.2020).

48. Seligman, M. E. P. (2011). Flourish: A visionary new understanding of happiness and well-being. New York, NY: Free Press.

49. Butler, J., & Kern, M. L. (2016). The PERMA-Profiler: A brief multidimensional measure of flourishing. *International Journal of Wellbeing, 6*(3).

50. Eigene Darstellung; nach Butler, J., & Kern, M. L. *The PERMA-Profiler: A brief multidimensional measure of flourishing.* International Journal of Wellbeing, 6(3). (2016).

51. Eigene Darstellung; nach Wammerl, M., Jaunig, J., Mairunteregger, T. et al. *The German Version of the PERMA-Profiler: Evidence for Construct and Convergent Validity of the PERMA Theory of Well-Being in German Speaking Countries.* J well-being assess 3, 75–96 (2019). https://doi.org/10.1007/s41543-019-00021-0.

52. Butler, J., & Kern, M. L. (2016). The PERMA-Profiler: A brief multidimensional measure of flourishing. *International Journal of Wellbeing, 6*(3).

53. Andrews, F.M. & Withey S.B. (1976). Social indicators of well-being. New York: Plenum Press

54. Gable, S. L., Gonzaga, G. C., & Strachman, A. (2006). Will You Be There for Me When Things Go Right? *Journal of personality and social psychology, 91*(5), 904-917.

55. Eigene Darstellung; nach Gable, S. L., Gonzaga, G. C., & Strachman, A. (2006). Will You Be There for Me When Things Go Right? *Journal of personality and social psychology, 91*(5), 904-917.

56. Gable, Reis, H., Impett, E., & Asher, E. (2004). What do you do when things go right? The intrapersonal and interpersonal benefits

of sharing positive events. *Journal of personality and social psychology, 87*, 228-245.

57. Gable, S. L., Gonzaga, G. C., & Strachman, A. (2006). Will You Be There for Me When Things Go Right? *Journal of personality and social psychology, 91*(5), 904-917.

58. Gable, Reis, H., Impett, E., & Asher, E. (2004). What do you do when things go right? The intrapersonal and interpersonal benefits of sharing positive events. *Journal of personality and social psychology, 87*, 228-245.

59. Rusbult, C. E., Verette, J., Whitney, G. A., Slovik, L. F., & Lipkus, I. M. (1991). Accommodation processes in close relationships: Theory and preliminary empirical evidence. *Journal of personality and social psychology, 60*, 53-78.

60. Fredrickson, B., & Joiner, T. (2002). Positive Emotions Trigger Upward Spirals Toward Emotional Well-Being. *Psychological Science, 13*, 172-175. doi:10.1111/1467-9280.00431

61. Goldfayn, A. (2018). *Selling Boldly*. Hoboken, New Jersey: John Wiley & Sons Inc.

62. Lyubomirsky, S., King, L., & Diener, E. (2005a). The Benefits of Frequent Positive Affect: Does Happiness Lead to Success? *Psychological Bulletin, 131*(6), 803-855. doi:10.1037/0033-2909.131.6.803

63. Weiterentwicklung und eigene Darstellung, basierend auf Goldfayn, A. (2018). *Selling Boldly*. Hoboken, New Jersey: John Wiley & Sons Inc.

64. Castro Solano, A., & Cosentino, A. C. (2016). The relationships between character strengths and life fulfillment in the view of lay-people in Argentina. *Interdisciplinaria Revista de Psicología y Ciencias Afines, 33*(1), 65-80.

65. Kaufman, S. B., Greenberg, S., & Cain, S. (2015). Which character strengths are most predictive of well-being. *Scientific American*. Veröffentlicht unter https://blogs.scientificamerican.com/beautiful-minds/which-characte

r-strengths-are-most-predictive-of-well-being/ (Letzter Zugriff 30.04.2020).

66. Korotkov, D., & Godbout, A. (2014). Personality, motivation, nature, and well-being. *Personality and Individual Differences, 60*, 65.

67. Bakker, A. B., Hetland, J., Olsen, O. K., & Espevik, R. (2019). Daily strengths use and employee well-being: The moderating role of personality. *Journal of Occupational and Organizational Psychology, 92*(1), 144-168.

68. Seligman, M. E., & Csikszentmihalyi, M. (2000). Positive psychology: An introduction. *American psychologist, 55*(1), 5-14.

69. Peterson, C., & Seligman, M. E. P. (2004). Character strengths and virtues: A handbook and classification. New York, NY: Oxford University Press.

70. Peterson, C. (2006). A primer in positive psychology: Oxford University Press.

71. Harzer, C., Mubashar, T., & Dubreuil, P. (2017). Character strengths and strength-related person-job fit as predictors of work-related wellbeing, job performance, and workplace deviance. *Wirtschaftspsychologie, 19*(3), 23-38.

72. Peterson, C., & Seligman, M. E. P. (2004). Character strengths and virtues: A handbook and classification. New York, NY: Oxford University Press.

73. Universität Zürich, Persönlichkeitspsychologie und Diagnostik (2015). VIA-IS Informationen zur Interpretation Ihrer Ergebnisse. Veröffentlicht unter https://www.charakterstaerken.org/VIA_Interpretationshilfe.pdf. (Letzter Zugriff 02.05.2020).

74. Peterson in Seligman, M. E. P. (2015). Chris Peterson's unfinished masterwork: The real mental illnesses. *Journal of Positive Psychology, 10*(1), 3-6. DOI: http://dx.doi.org/10.1080/17439760.2014.888582

75. Corporate Leadership Council. (2002). Building the High-Performance Workforce: A Quantitative Analysis of the Effectiveness of Performance Management Strategies. Veröffentlicht unter https://marble-arch-online-courses.s3.amazonaws.com/CLC_Building_the_High_Performance_Workforce_A_Quantitative_Analysis_of_the_Effectiveness_of_Performance_Management_Strategies1.pdf . (Letzter Zugriff 02.05.2020).

76. Eigene Darstellung; Nach Ebner, M. (2019). Positive Leadership: Erfolgreich führen mit PERMA-Lead: die fünf Schlüssel zur High Performance (Ebook). Wien: Facultas Verlags- und Buchhandels AG.

77. Ebner, M. (2019). Positive Leadership: Erfolgreich führen mit PERMA-Lead: die fünf Schlüssel zur High Performance (Ebook). Wien: Facultas Verlags- und Buchhandels AG.

78. Ebner, M. (2019). Positive Leadership: Erfolgreich führen mit PERMA-Lead: die fünf Schlüssel zur High Performance (Ebook). Wien: Facultas Verlags- und Buchhandels AG.

79. Andrews, F.M. & Withey S.B. (1976). Social indicators of well-being. New York: Plenum Press.

80. Fredrickson, B. (2011). Die Macht der guten Gefühle: Wie eine positive Haltung Ihr Leben dauerhaft verändert. Campus Verlag. Frankfurt/ New York.

Printed in Poland
by Amazon Fulfillment
Poland Sp. z o.o., Wrocław

94792667R00073